바람아 불어라!_화보

태권도 선교사 훈련원

중국 태권도선교사 훈련

필리핀 어린이 태권도

필리핀 대학 방문

몽골 유목민 태권도 선교

필리핀 대학 태권도 선교

몽골 국립고아원 태권도 선교

캄보디아 시엠립 사랑교회 전경

캄보디아 태권도 선교

태권도 선교 성경공부

박종현 선교사 전국 가족대회 우승

필리핀 까방간 생명의 교회

캄보디아 씨엠립 사랑교회

필리핀 사랑교회

캄보디아 Love Church

미국 뉴멕시코 DZ 초등학교 태권도 선교

나바호 인디언 DZ 초등학교 태권도 선교

인디언 문화행사

태권도 9단회 청와대 관람

나바호 President 방문

나바호 쉽프학 인디언 마을

나바호 대통령에게 도복증정

인디언 게루

인디언 / 인디오 / 한인 문화행사

씨엠립 사랑교회 태권도 선교

할렐루야 태권도 선교 시범단

인디언 미주 한인 체전 입장식

뉴 뉴멕시코 하나들이 인디언 마을 태권도 선교 문화행사

아메리카 인디언 미주 한인체육대회 입장식

인디언 태권도 선교단

아메리칸 인디언 미주 한인체육대회 입장식

캄보디아 시엠립 태권도 선교

사랑의교회 태권도 선교

인디언 태권도 선교 시상식

무독관 회장

프로태권도 협회 9단

국기원 원장 방문

박종현 선교사 엄지격파 시범

인디언 부족생활

금강 태권도 전국 대회 우승자 시상

금강 태권도 청주 전국대회 선수

몽골 유목민 태권도 선교

나라사랑 네덜란드 6.25 참전 기념비

선교지 사막에 숲 조성예정

몽골 태권도 선교

필리핀 까방간 생명의 교회 태권도 노방전도

태권도 선교

바람아 불어라!

"한 손에 성경을, 한 손에 도복을 들고 세계로…."

박 종 현 선교사

인디언 대부 추장

도서출판 성실

"사랑하는 자여, 네 영혼이 잘 됨 같이
네가 범사에 잘되고 강건하기를 내가
간구하노라."

(요한 삼서 1장 2절)

인사말씀

　겨우내 세찬 추위에 꽁꽁 얼어붙고 메말랐던 앙상한 나뭇가지는 봄바람에 서로 흔들려 부딪치며 물줄기는 나무 끝까지 올라가 싹이 트고 잎이 되어 꽃이 피고 열매를 맺는다고 합니다. 온 인류는 전쟁과 재난과 기근으로 꽁꽁 얼어붙어 혼란하기 이루 말할 수 없는 시대를 살고 있습니다. 이러한 시대에 봄바람과 같은 바람, 태권도 선교의 바람이 불어야 하겠습니다. 이러한 사명으로 이번 태권도 선교 "바람아 불어라!"의 책을 출간하게 되었습니다.

　태권도의 기합 소리와 함께 성령의 바람이 온 나라에 불어야 하겠습니다. 교회는 부흥의 바람이 불고, 온 인류에게는 화합의 바람이 불어야 하겠습니다. 시기와 분쟁과 다툼보다는 관용하고 화합하고 용서하는 예수그리스도 복음의 바람이 불어야 하겠습니다. 우리는 인류 사회에 혼란하고 패역한 이 땅을 가만히 바라보고만 있을 때가 아닙니다. 오지의 나라에서 선교하시는 선교사님들이 줄줄이 귀국하여 복음의 사명을 뒤로하고 근로 전선에서 하루하루를 사시는 분 들을 만나면 안타깝기 이를 데 없습니다.

대한민국 교회는 초대교회와 같이 성령의 바람이 불어야 합니다. 목사가 살아야 교회가 살고, 교회가 살아야 성도가 살고, 성도가 살아야 국민이 살고 국민이 살아야 나라가 살 수 있습니다. 하나님께서는 "그의 나라와 의를 구하라" 말씀을 하시고 있지 않습니까?

국제 사랑의 아카데미 태권도 훈련원은 태권도 선교의 바람을 일으키겠습니다. 한 손에 성경을 들고 한 손에 도복을 들고 세계로 나가겠습니다. 196개국에 대한민국 국기(國技) 태권도를 매개로 세계 나라에 선교의 바람을 일으키겠습니다.

선교사님들께서는 이구동성 태권도 선교의 효율성을 이야기하고 있습니다.

태권도 선교 동참을 희망하시는 분들께서는 태권도 선교사 훈련을 받으시고 태권도 선교의 바람을 일으킵시다. 혹시, 군대에서나 어려서 오래전에 태권도 블랙벨트를 수련하신 분들은 세계태권도 선교본부 태권도 선교 훈련장으로 모입시다. 태권도에 대하여 모르셔도 남녀노소 누구나 참여하실 수 있습니다. 국제 사랑의 아카데미 할렐루야 태권도 선교 시범단 훈련은 세계태권도 본부 국기원 공인 9단인 제가 태권도 선교 경험으로 기도하며 직접 지도하겠습니다.

태권도 도복을 입고 어느 나라 어디든지 가면 100명 이상 모이는 것은 기본입니다. 그러나 선교사 훈련을 받지 않고 어떻게 태권도 선교를 할 수 있겠습니까? 2012년부터 시작하여 어려운 시기를 극복하며 25개국에 태권도 선교사 훈련을 실시하였습니다. 앞으로 100개국 이상에 태권도 선교사 훈련을 통하여 각 나라 태권도 선교본부를 세워 나라별 태권도 선교가 이루어질 수 있도록 기도하며 사명을 다하고자 합니다.

　국제 사랑의 아카데미 세계태권도 선교본부에서는 196개 나라에 국가 본부를 세워 한글과 태권도와 성경과 인류 문화사와 새마을 운동을 가르치며 국가와 사회봉사 활동에 주목하여 지도하고 있습니다.

　이 책이 출판되기까지 수고하여 주신 분들에게 마음 깊이 감사의 말씀을 드립니다.

2024년 2월 1일

태권도 박종현 선교사

| 추천의 글 |

 박종현 선교사는 대한신학교 제자이며 나는 8년 동안 박 목사님이 사역하는 인디언 오지 마을을 다니며 매년 여름 2주 동안 인디언 마을 텐트에서 숙박하며 박 목사님이 사역하는 인디언 태권도 선교에 참여하였습니다.

 태권도 선교는 위계질서가 있어 태권도 시간에는 사범님의 말씀에 순종하여 선후배가 서로 돕는 사랑의 친분이 생기고 솔선수범하는 삶의 변화가 일어나는 것을 보았습니다.

 아메리칸 인디언들에게 태권도를 가르치며 복음을 전파하고 게임을 하며 찬양을 부를 때는 감격과 감동의 순간들이었습니다. 태권도 선교사는 어린아이부터 어른에 이르기까지 사랑으로 지도하는 모습과 어른에 대하는 예의범절은 아메리칸 인디언 선교에 확실한 복음의 메시지와 그들의 삶을 변화시키기에 충분하다고 느꼈습니다. 마을마다 적게는 100명 이상 많게는 1,500명이 모이는 인디언들에게 도복을 입고 검은 띠를 허리에 매고 복음적인 말씀의 메시지를 전하는 박 목사님의 모습이 눈에 선합니다.

 태권도 도복을 입고 결혼식과 장례식을 집례하는 모습이야말로 이 세상에서 처음 보는 순간이었고, 전주 안디옥교회 목사님은 박 목사님 가정을 심방하며 박 목사님 사는 모습을 보고 눈물을 흘리며 감탄의 심방을 하셨다고 하였습니다. 박 목사님은 인디언 마을에 선교를 도시락을 지참하고 다니며 태권도 선교를 하신 분입니다. 오늘날도 도시락을 지참하여 다니면서 선교를 하는 목사님입니다.

 박 목사님이 시대적 사명을 감당하기 위하여 "인디언의 눈물"에 이어 태권도 선교 "바람아 불어라!" 책을 출간하게 되어 감사를 드립니다. 대한민국 성도님들이 모두 읽어서 목사가 살고, 성도가 살고, 국민이 살아서 인류 복음화에 초석이 되기를 기대하며 출간에 축하를 보냅니다.

한국중앙교회 원로 **최 복 규** 목사

┃추천의 글┃

　단군 이래 태권도가 발전에 발전을 거듭하여 세계 올림픽 종목으로 채택이 되기까지 태권도 원로들의 희생이 있었다고 생각을 합니다. 태권도가 인류에 미치는 정신과 육신의 가치를 이루어 내신 분들이 태권도 사범님들이라 생각을 합니다.
　세계 어느 나라 태권도 도장에 가도 대한민국 태극기와 국기원 기가 태권도 체육관 앞에 걸려 있으며 시작하고 마칠 때마다 국기에 대하여 경례하는 것을 보면 태권도는 이미 세계 인류 사회에 영향을 미쳤다고 생각을 합니다.

　태권도가 "국기(國技) 태권도"라 법제화하며 대한민국 국민은 남녀노소 누구나 태권도 수련을 해야 한다고 생각을 합니다. 왜냐하면, 해외 사람들은 대한민국 사람들은 태권도가 모두 검정 띠인 줄 알고 있기 때문입니다.

　대한민국 국기(國技) 태권도가 도시에서 시골 마을로, 대한민국 국기원에서 해외로 강대국에서 저 개발 국가로 전파되면서 태권도의 미래는 세계 인류를 화합하는 태권도가 되리라 믿습니다.

　박종현 선교사님의 태권도 선교가 태권도의 보급으로 인한 국위 선양은 물론 인류 복음화와 인류 평화로 이어지기를 기대하며 하나님의 은혜와 평강이 함께 하시기를 기도드립니다.

　태권도 선교 "바람아 불어라!" 출판에 축하를 드리며 추천을 드립니다.

2024년 1월 20일

국기원 원장 이동섭
20대 국회의원

추천의 글

저는 서울에서 태어나 6.25 "정전 협정 후" 14살 중학교부터 송무관 노병직 사범님께 직접 태권도를 배웠습니다. 1963년 제대 후 명동에 있는 흥사단에서 도산 체육관을 설립하여 80점 이상 성적이 좋은 학생들만 태권도를 가르쳤습니다.

1968년 도미하여 USC 대학원에서 수학하며 학생들과 경찰들에게 태권도를 가르쳤습니다. 만 70년 동안 태권도 수련으로 지금은 강한 정신력과 육체로 60대의 체력을 가지고 살고 있습니다. 사람이 사노라면 정신력과 육신만 튼튼하면 얼마든지 건강하게 장수하며 살아갈 수 있다고 생각을 합니다.

박 목사님과 30여 년의 인연은 제가 재미 대한체육회 회장으로 재임 시 박 목사님은 재미동포 선수단으로 전국체육대회에 출전하면서입니다. 당시 워싱턴 DC 사격협회를 창단하여 처음으로 재미동포 권총 사격 선수단이 안기홍 부회장의 적극적인 권유로 전국체육대회에 출전하는 계기가 되어 기억에 생생합니다.

 박 선교사님은 권총 사격 대표 선수로 육군 사격 지도단, 한국 주택은행 선수단, 경기도 선수로서 활약하였고 사격선수 은퇴 후 다시 태권도 선교사로 돌아와 할렐루야 태권도 선교단의 필요성에 착안하여 할렐루야 태권도 선교단을 단원들과 함께 창단하는 계기가 되어 오늘에 이르고 있습니다.

 박 목사님은 서울 올림픽 이후 미국에 체육 행정학 박사학위 수학 차 도미하여 아메리칸 인디언 원주민들에게 할렐루야 태권도 선교단을 통하여 복음을 전파하였으며 시기적으로는 늦었지만, 태권도 승단을 포기하지 아니하여 현재 태권도의 최고봉인 국기원 9단을 소유하신 분이십니다. 주위 사람들로부터는 평판이 좋고 아래 후배들에게도 존경받는 분이십니다.

 태권도가 국기 태권도로 법제화되면서 세계에 태권도의 열풍이 계속 일어나고 있는 이 시대에 세계 열방에 태권도 선교 바람이 불어 평화가 정착되는 계기가 되기를 간절히 바라는 마음입니다. 어느 나라 오지에 가도 도복만 입고 다니면

따르는 사람들이 많이 있습니다.

 박종현 선교사님의 성경적이며 조직적으로 복음을 전파하는 태권도 선교의 바람이 대한민국 교회 성도님들이 이 책을 통하여 세계 인류 복음화에 태권도 선교 성령의 바람이 일어나기를 기대하면서 이 추천의 글을 자진하여 드립니다.

하나님의 은혜와 사랑이 넘치시기를 기원합니다.

2024년 1월 20일

전 재미국 대한체육회 회장 김 용 길 *Yong lail Kim*

추천의 글

저는 주월 사령부 태권도 교관으로 전역 후 샌프란시스코로 이주하여 화랑태권도 체육관을 운영하며 미주 태권도 협회장을 역임하여 현재까지 태권도 화랑관 도장을 운영하고 있습니다. 태권도 선교사라는 이유 하나로 박종현 태권도 선교사님을 만나는 동기가 되었습니다.

박종현 태권도 선교사님은 20여 년을 미국 인디언 마을에 다니며 인디언과 한국 사람들과의 민족적 동질성을 인식하였고 인디언 마을 오지에 태권도를 보급하였으며 예수 그리스도의 복음을 획기적으로 전파하신 분이십니다. 나는 하나님께서 박종현 선교사님을 통하여 기적을 베풀어 주셨다 믿습니다. 나는 20여 년을 아주 가까이 선교 사역에 참여하였고 또, 보았습니다.

박종현 선교사님의 심성은 한 번도 남에게 화를 내거나 비방하는 말씀을 하시는 분이 아니십니다. 항상 마음을 낮추는 삶을 사는 분이십니다. 태권도가 9단이면서도 지금까지 들어내지 않았고, 권총 사격 대표 선수를 지냈어도 말도 없으시고, 박사학위를 가지셔도 자랑을 모르는 분이십니다. 오직 태권도 선교사라는 이름으로 명함도 없이 다니시는 분이십니다. 현대 사회가 조그마한 것도 크게 부풀려 과대 홍보하는 시대에 박종현 선교사님은 있는 것도 감추시는 분이십니다.

나바호 인디언 대통령을 만나면서도 격식이 없이 도복을 입고 만나면서 태권도의 위상을 심어가는 그분의 마음을 20년이 지나서야 알아가며 이해할 수 있었습니다. 인디언 후세와 세계 196개국 유엔 가입국을 대상으로 태권도 선교를 위하여 불현듯 한국으로 귀국하여 강원도 오지 마을에서 묵묵히 세계 인류 복음화를 위하여 태권도 훈련원을 운영 하시는 분이십니다.

"인디언의 눈물" 책을 출판하여 국제 사랑의 아카데미 태권도 선교사훈련원을 세우시고, 이번 태권도 선교 "바람아 불어라!"를 출간하신다는 소식에 아마도 5대양 6대륙 태권도 선교를 위하여 저 개발 국가 오지까지 신학교와 태권도 선교 훈련원을 세우는 계획일 것이라 생각을 합니다.

기도하며 바라기는 박종현 선교사님 계획하시는 사역이 예수 그리스도의 복음 전파와 태권도 보급 및 국위 선양에 큰 영향을 미칠 것으로 기대합니다.

내가 먼저 두 권의 책을 구매하여 한 권은 내가 출석하는 교회 부흥에 사명을 다하고, 한 권은 읽어서 태권도 선교에 참여하여 5대 양 6대 주에 "예수 그리스도의 복음 전파"에 참여하시는 동역자가 되시기를 바라는 마음입니다.

다시 한번 태권도 선교 "바람아 불어라!" 출판을 진심으로 축하드립니다.

2024년 1월 20일

전미주태권도협회 회장
9단 Grand Master Dennik Shin D. K. Shin

차례

인사말씀 박종현 선교사 … 3
추천의 글 한국중앙교회 원로 최복규 목사 … 6
추천의 글 국기원 원장 이동섭 … 8
추천의 글 전 재미국 대한체육회 회장 김용길 … 10
추천의 글 전미주태권도협회 회장 Dennik Shin … 13

제1부 • 한 손에 도복을 들고!

1. 블랙 벨트의 꿈 … 23
2. 청 띠 … 27
3. 빨강 띠 … 31
4. 나는 블랙 벨트 … 35
5. 문무 정신 … 39
6. 길 … 43
7. 품새는 인격 … 46
8. 나는 할 수 있다 … 50
9. 프로 태권도 … 54
10. 국기 태권도 … 58
11. 태권도 수련의 출발 … 61
12. 태권도 9단 … 65

제2부 • 한 손에 성경을 들고!

1. 선교의 비전 … 71
2. 전망대 기도! … 74
3. 도복에 십자가를 … 77
4. 선교사 파송 … 80
5. 할렐루야 태권도 선교단 … 83
6. 선교 신학교 … 86
7. 아카데미 시상식 … 89
8. 태권도 부흥사회 … 93
9. 태권도 숲 사랑 … 96
10. 196개국 국제 사랑의 아카데미본부 … 100
11. 인류 복음화를 리드하는 대한민국 교회 … 103
12. 사랑의 보안관 학교 … 106

제3부 • 세계를 향하여!

1. 대한민국 … 111
2. 몽골 … 115
3. 캄보디아 … 118
4. 캐나다 … 123
5. 미국 … 126
6. 멕시코 … 129
7. 필리핀 … 132
8. 팔레스타인 … 135
9. 파키스탄 … 139
10. 호주 … 142
11. 중국 … 146
12. 일본 … 149
13. 베트남 … 152

제4부 • 선교 이야기

1. '셈'의 후예 … 157
2. 낚시 선교 … 161
3. 태권도선교기념체육관 건립 … 164
4. 배고픈 사람의 심정 … 167
5. 미주 한인 체전 … 171
6. 기독교 교류 … 174
7. 인디언 선교사가 맞습니까? … 178
8. 언덕을 넘어서 … 181
9. 인디언의 찬양 … 185
10. 아버지 … 188
11. 나는 바보 아빠 선교사 … 191
12. "나바호"의 밤 … 194

제5부 • 바람아 불어라!

1. 새벽 종소리 … 199
2. 선교 운동 … 202
3. 사랑의 나눔 운동 … 205
4. 독서 운동 … 208
5. 후원 운동 … 211
6. 저축 운동 … 214
7. 청소 운동 … 217
8. 태권도 건강 운동 … 220
9. 실천 운동 … 223
10. 가난은 축복이다 … 226
11. 크리스천 말씀 운동 … 228
12. 찬양 운동 … 231
13. 나는 가슴으로 울었다 … 234

제1부
한 손에 도복을 들고!

1. 블랙 벨트의 꿈
2. 청 띠
3. 빨강 띠
4. 나는 블랙 벨트
5. 문무 정신
6. 길
7. 품새는 인격
8. 나는 할 수 있다
9. 프로 태권도
10. 국기 태권도
11. 태권도 수련의 출발
12. 태권도 9단

"나는 마음이 온유하고 겸손하니 나의 멍에를

메고 내게 배우라

그리하면 너희 마음이 쉼을 얻으리니

이는 내 멍에는 쉽고 내 짐은 가벼움이라

하시니라."

(마태복음 11장 29-30절)

1
블랙 벨트의 꿈

 어린 시절을 생각하면 모두가 꿈을 가지고 살지만 나이가 한 살, 두 살 더 하여 갈 때마다 꿈은 바뀌어 간다. 어느 때에는 대통령이 되겠다는 꿈을 가지고 살다가 그다음에 장군이 되겠다고 꿈을 가지며 어린이 장군의 모습으로 살다가, 그다음 장교가 되겠다고 꿈을 바꿔가지고 살다 어느덧 군에 입대할 나이가 되면 이등병으로 군대를 가기가 일쑤이기도 하다.

 어떠한 사람은 대통령에서 장군으로 꿈을 그리다가 방위병으로 군대를 제대하고 5대 장성 중 하나라고 자부심을 가지고 이야기를 하는 사람도 있다. 너나 할 것 없이 남자가 모이면 군대 이야기이다. 밤새 이야기를 들어보면 모두가 추억 속의 군대 이야기를 하는데 좋은 이야기를 하는 것을 보면,

남자는 군 복무를 마쳐야 할 이야기가 많은 것 같기도 하다.

나는 중학교 1학년 시절 태권도를 시작하게 되었다. 나는 태권도 1단에 승단 하는 날 다짐을 한 적이 있다. 나는 반드시 9단까지 태권도를 하겠다고 결심하였다. 나와의 약속이었고 나와의 결단이었다. 누런 광목으로 만들어진 도복은 여러 번 세탁을 하고 나면 하얗게 변하여 빛이 날 정도로 하얗지만 몇 번의 대련을 하다 보면 기억자로 찢어지는 경우가 많이 있다. 도복을 입고 열심을 다하여 수련을 하노라면 땀에 젖어 몸에 착 달라붙어 움직이기도 힘든데 대련을 하다 잡아당기면 찍 하며 찢어진다. 찢어진 도복을 입고 운동을 하던 그 때가 생각이 많이 난다. 요즈음 태권도 도복은 아무리 운동을 열심히 해도 찢어지는 경우를 본적이 없다. 오래 입다 보면 지루하거나 소속이 바뀔 때 도복을 바꿔 입는다. 옛날 찢어진 도복은 바느질로 꿰맸지만 다시금 태권도 수련을 하면 얼마 안 되어 찢어지는데, 요즘은 옛날 도복과는 비교할 수 없을 정도로 세련되고 옷감도 좋아 찢어지는 경우가 거의 없다.

태권도를 처음으로 시작할 때에는 규정과 규율이 있다. 관장과 사범의 이름을 외워야 하고, 또 도장 문 안으로 들어가려면 국기에 대한 경례를 한 후에 관장과 사범에게 인사를 한다. 그리고 검은 띠 선배들에게도 인사를 하여야 한다. 태권도 수련시간에는 입장을 할 수 없으며 입장한 후에는 도복을 갈아입어야 한다. 예전에는 도복을 가방에 넣어 가지고 다녀야 했다. 도복을 입고 다니면 안 되는 시절이다. 도복을 접는 방법 또한 까다롭다. 땀에 흠뻑 젖은 도복을 윗도리부터 접어서 아래 바지를 도복 안에 넣어 접어서 도장 이름이 새겨진 글씨가 똑바로 나와야 한다. 도복을 접어서 정성을 다하여 띠를 돌려 매면 벽에다 걸어 둘 수도 있고 가방에 넣어 다니기도 좋다.

태권도의 매력이 정신과 방어와 품새에 있다면 이것이 바로 문무 정신이고 무도 정신이다. 내가 처음 배울 때에는 무도 정신은 내가 상대방에게 배려하고 관용하고 용서하는 마음으로 정신을 강하게 하여 상대를 정신으로 제압하는 수련이라 했다. 지금은 태권도를 예술이라 가르치는 것을 보면 태권도의 본질이 시대에 따라 변화하고 있다는 생각을 한다. 나는 태권도를 배우며 '싸우지 않는 것이 이기는 것'이라고 배웠다. 싸움을 사전에 예방하는 것이다. 즉, 싸우고 시비할 일들을 만들며 살지 않는 것이다. 무조건 정정 당당하고 백전백승의 승리를 위해서는 강인한 체력과 정신력과 실력으로 대결하는 문무 정신이 있어야 한다고 배웠다. 실로 나는 싸움을 하지 않고 살아 왔다. 분을 내고 싸워 이기는 것이 성공이라 할 수 있다면 아마 나는 세계에서 얼마 안가는 성공의 삶을 살았다고 할 수 있겠다.

17살의 나이부터 태권도 검은 띠를 허리에 매고 사나이로서 꿈을 먹고 사는 태권도 선교사의 꿈을 세계로 향하며 한 손에는 성경책을, 한 손에는 도복을 들고 5대양 6대주로 날아간다.

2
청 띠

 태권도는 청 띠를 허리에 매고 태권도 수련 할 때가 제일 기분이 좋다. 지금은 여러 종류의 띠들이 있지만 예전에는 백 띠, 청 띠, 자 띠, 검은 띠였다. 백 띠는 아무것 모르고 얼떨결에 친구들 따라서 바람에 휩쓸려 도장에 입관하여 태권도를 배우기 시작한다.

 인사하기와 기본동작만 배우노라면 너무나 재미없고 괜히 태권도 배우려고 왔나 하는 생각과 함께 복싱이나 합기도를 배울 걸 하는 생각도 많이 들었다. 주먹을 쥐는 방법부터 차렷자세 하는 방법과 걸음마를 하고서 걷는 운동 그리고 주먹으로 방어하고 지르는 방법까지 다양한 태권도의 기술을 연마하기 시작한다. 처음에는 아무리 연습해도 몸도 마음도 사범의 동작들을 따라 할 수도 없고, 친구들은 이미 빨간 띠와 검은 띠를 매고 있는데 나만 백 띠를 매고 태권도 수련을 하려고 하니 꾀가 나서 그만두려고 하면 사범님의 말씀 한마디는 나중에는 모두 만나는 날이 있으니 열심히 하라는 격려의 이야기였다.

　무슨 일이든지 누구나 처음 시작할 때 일을 하다 보면 잘 안되고 실망을 할 때가 종종 있다. 학교에 다닐 때에는 시험 공부를 밤을 새고 했는데 공부한 데서는 한 문제도 안 나오고, 공부를 안 한 데서만 문제가 나와서 점수가 크게 떨어진 경우처럼 열심을 다 했는데 떨어지는 경우가 있다.

　청 띠를 생각해 보면 사실 제일 무서운 때이다. 뭔지 모르고 자신 만만하게 대하는 것을 보면 물인지 불인지도 모르고 하라면 하라는 대로 사범의 가르침에 무조건 순종한다. 빨간 띠와 겨루기를 하라고 하면 자신 만만하게 태권도의 기상을 나타내는데 빨간 띠에게는 어림도 없는 일이라 하겠다. 빨간 띠가 되도록 매를 맞은 것만 해도 감히 청 띠가 달라붙겠나 싶다. 빨간 띠 입장에서는 파란 띠에게 겨루기에서 맞으면 어떻게 하겠는가? 사범이나 관장에게 혼나는 것은 나중 일이고 다른 수련생들에게 빨간 띠가 청 띠에게 매를 맞았다고 소문이라도 나기만 하면 창피하기가 그지없으니 빨간 띠는 맞지 않으려고 땀을 줄줄 흘리며 청 띠와의 대련에 죽을힘을 다해 임한다.

　해마다 우리나라에 6월이 오면 신록이 우거지는데 하늘을 보면 새파랗고 산과 들을 보면 새파랗게 푸르름이 한창인 계절을 우리는 본다. 풀을 뽑아도, 뽑아도 거침없이 계속 자라는 시기이다. 태권도에서도 청 띠를 매면 빨강 띠에게 매를 맞아도, 배운다는 의지로 인해 아픔을 모르고 얼굴과 다리에 멍이 들어도 창피한 것이 아니라 오히려 자부심을 가지는 청 띠의 시기이다. 청 띠는 하얀 띠가 시퍼렇게 풀 색깔로 변하도록 수련한다는 의미가 있다. 그래서 파란 띠에서 태권도를 그만 두는 사람은 별로 없다. 예전에는 파란 띠만 되어도 어디 다니며 매를 맞고 다니는 시기는 아니기 때문이다. 또한 태권도가 그렇게 멋있을 수가 없다. 그래서 태권도 도복을 사람들이 보라는 듯이 손에 들고 다니는 수련생도 많이 보았다. 또한 청년이 되어 청 띠를 차 뒷좌석이나 혹은 유리 밑에 두고 다니며 남들이 잘 보이도록 하는 사람들도 있다. 태권도를 지도하며 하얀 띠를 매고 기합소리를 내지 못해 야단맞는 일로 시작하던 때를 생각하면 나도 이제 청 띠의 기분으로 살 수 있을까 하는 생각이 먼저 떠오른다. 파란 띠를 들러메고 하얀 오광목 태권도 도복을 들고 거리를 누비던 그때 그 시절이 참으로 그리워진다.

 파란 하늘에 파란 나뭇잎과 풀잎이 내 마음을 시퍼렇게 멍들게 하는 청 띠의 시절을 태권도 9단이 되어서도 마음으로 그리며 회상해 본다. 나도 태권도 검은 띠, 정상 9단의 꿈을 바라보는 청 띠의 푸른 시절이 있었다는 것을 기억한다.

3
빨강 띠

 태권도의 자 띠 일명 홍띠는 빨강 띠라고 이름을 부르기도 했다. 빨강 띠는 검은 벨트가 된다는 희망으로 이를 악물고 태권도를 열심히 한다.

 청 띠에는 자 띠에게 매를 맞으며 태권도 수련을 한다면, 자 띠는 검은 띠에게 매를 맞아가면서 태권도를 수련한다. 검은 벨트는 유급자인 자 띠에게 매를 맞는 수모를 겪지 말아야 하므로 검은 띠로서의 긍지를 가지고 자기의 독특한 기술을 연마하여야 한다. 자 띠, 즉 빨강 띠는 피멍이 들도록 수련을 해야 하는데 검은 띠에게 대련에서 맞기도 많이 맞아야 하고 참기도 많이 참아서 검은 띠의 경지에 올라야 한다. 이러한 수련을 마치고 나면 검은 띠로서의 자부심과 긍지를 가지게 된다. 정말 행동이 겸손하고 점잖아진다.

  나는 다른 분들과는 다른 독특한 논리를 가지고 있는데 태권도는 검은 띠가 되기 전까지는 유급자로서 태권도의 입문을 수련하는 것이라 생각을 한다. 태권도 유단자가 되어서 수련하기 위한 기본훈련이라고 생각하는 것이다. 유급자 품새를 살펴보면 모두가 태극이라는 이름으로 1장부터 8장까지 수련을 하도록 되어있다. 8장을 모두 수련하면 드디어 심사 후에 유단자가 된다. 유단자가 되면 품새의 종류가 다양하여 진다. 그러므로 유단자가 되기 위해서는 고도의 기술이 필요하다.

  나의 사범은 현재 공인 5단이시다. 서로 오랫동안 떨어져 있다가 만나기만 하면 태권도의 이야기를 많이 한다. 태권도의 기술에 대하여 이야기를 하노라면 밤을 새도 모자란다. 지금도 만나면 태권도에 대한 기술과 역사와 이론에 대해 70이 넘은 나이에도 이야기를 한다. 다른 운동은 대부분 나이가 들면 운동을 못하게 되는 경우가 많은데 태권도만은 나이가 많으면 많을수록 태권도의 필요성을 많이 느끼게 된다.

나는 사범님을 만나면 왜 공인 5단에 머물러 계십니까? 하고 궁금해서 물어보았다 사범님은 기다렸다는 듯이 내게 말을 이어가며 이야기 하시는데 아주 여유가 있는 목소리로 내가 이 세상에 태어나 후회하는 것 중에 하나가 바로 태권도 공인 5단으로 승단을 한 것이라고 이야기를 한다. 왜냐 물으니 내가 태권도 실력은 최고 단의 실력이 되지만 아직 공인 5단자로서의 인격 수련이 안 되었다는 이야기이다. 사람의 인격을 어떻게 측량할 수 있을까? 나는 자신이 스스로 결정하는 것이라 생각을 한다. 마지막으로 사범님은 자기는 공인 4단에서 머물렀어야 했다는 이야기를 하실 때마다 나의 마음은 한층 마음의 수련이 필요하구나 하는 깨달음을 가졌다. 그럼 나는 인격이 완성되어서 9단이 된 것입니까? 하고 물으니 나는 지도자의 삶이 있기 때문에 공인 9단에 승단을 해야 한다는 논리로 말하여 주셨다.

오늘날 빨간 띠는 이런 정신이 필요한 때이다. 정치, 경제, 사회, 문화, 예술이 교육의 기초를 흔들어 변화해 가는 시기에 태권도 수련이야 말로 나라의 흥망성쇠를 좌우하며 민족의 얼을 이어 갈 것이라 생각을 한다. 이렇게 인간의 기본적 삶의 터전을 태권도 수련을 통하여 터득할 때 모든 사람들의 삶은 보다 행복하고 즐거운 인생의 삶을 살 수 있으리라 생각을 한다.

빨강 띠의 수련이 인생의 빨강 띠 훈련이 되기를 소원해 본다. 태권도 빨강 띠의 엄숙하고 늠름한 정신은, 이제부터 정상을 향해 나의 꿈을 태권도 삶에 붙여 본다.

4
나는 블랙 벨트

 나는 태권도 검은 띠가 되던 날, 자 띠 즉 빨강 띠를 새까만 물감을 사다가 대야에 물을 담고 까만 물감으로 빨강 띠를 까만 띠로 만들려고 새까만 물감을 물에 풀었다. 한 봉지를 모두 풀은 다음 빨강 띠를 넣고 뜨거운 물에 삶아야 물이 안 빠진다는 소리를 듣고 연탄불 위 찌든 대야에 띠를 넣고 삶았다. 김이 무럭무럭 나고 펄펄 끓는 대야의 물을 버리고 차가운 물에 한참을 담그고 햇볕에 걸어 놓았다. 떨어지는 물은 새까만 물이 되어 있었다. 저녁때 미처 마르지도 않은 검은 띠를 가슴에 안고 감격어린 잠을 청해 보았지만 마음이 설레어 잠이 오지를 낳았다. 그날 밤 나는 태권도 9단까지 하겠다는 꿈을 가슴에 품으며 어느새 나도 모르게 잠이 들어 아침이 되었다.

아침에 일어나 보니 미처 마르지도 않은 검은 띠로 옷과 이불, 요, 베개에는 모두 까만 물들이 들어 있었다. 까맣게 물든 나의 이부자리의 물든 먹물을 빼기 시작하는데 어느 정도 빠진 후에는 더 이상 물이 빠지지 않았다. 그러나 광목으로 만들어진 도복을 입고 검은 띠를 허리에 매었더니 어김없이 검은 물이 검은 띠를 맨, 도복 허리에는 까만 물감으로 얼룩이 되었다. 사람이 세상을 살아가면서 작은 것이든 큰 것이든 까만 죄로 물 들으면 죄를 없애기 위해 안간 힘을 다 하지만 그 죄를 온전히 지우기가 어렵다는 생각을 한다.

태권도 수련 중에서 충(忠)·효(孝)·예(禮) 사상의 정신 교육에 대해 많이 듣는다. 국가와 민족 앞에 충성하고 부모님에게 효도하며 웃어른을 존경하고 형제들과 우의를 가지고 예의바르고 올바르게 살아가야 한다는 교육을 태권도 체육관에서 교육을 한다. 국가와 민족에 대한 충성심 함양은, 체육관을 들어오고 나갈 때마다 국기에 대한 경례를 통해 자연스럽게 길러진다. 관장에게 인사하고 사범과 위의 단 선배들에게 인사로 예의를 표하도록 하고, 학교 성적표를 가지고 와서 전보다 성적이 떨어졌으면 도장에서 수련을 못하게 하고 80점 이상의 성적을 내도록 문무 정신을 겸하여 가르친다.

요사이는 체육관에 이러한 정신 교육이나 사상 교육이 많이 줄어든 추세라고 하며, 태권도의 유단자로서 인정을 제대로 받지 못하는 시대가 된 것 같아서 아쉬움이 많다.

나는 태권도의 유단자라면 국가관과 효도 정신과 예의 정신 즉, 충·효·예 사상이 몸에 배어 있어야 한다고 생각한다. 나는 이런 정신이 부족한 것이 너무 안타깝고 아쉽기가 그지없다. 태권도 유단자의 긍지를 가지고 세계 정상의 나라로, 민족으로 우뚝 솟으려면 대한민국의 국기(國技) 태권도 유단자의 품격을 높여야 하는데 앞으로는 할렐루야 태권도 선교단을 통하여 예수 그리스도의 복음을 전하면서 태권도 유단자의 품격 또한 높이는데 이바지하기를 바란다. 어느 나라 어느 민족에게든 하얀 도복에 검은 띠를 허리에 두르고 돌아다니면 100여 명쯤은 거뜬히 모여드는 이유는 무엇일까? 아직도 태권도 검은 띠의 인간다운 매력을 세계인들이 가슴에 품고있기 때문이라 생각을 한다.

태권도의 유단자와 유급자는 기합소리부터 들어보면 유단자와 유급자 사이가 엄청 다르다. 유단자는 뱃속에서부터 우러나는 기합을 넣고, 기를 모아 온몸으로 태권도의 기상을 살린다. 유급자는 태극1장부터 태극8장까지 한 동작, 한 동작 잘 익히고 배워서 나를 방어하며 상대를 일격에 굴복시킬 수 있는 기술을 처음부터 연마하여야 한다. 미국에서는 태권도 검은 띠가 사람을 때리면 무기를 사용한 것으로 간주한다고 한다. 그만큼 태권도의 유단자 블랙 벨트의 이미지는 세상에서 무기가 될 정도로 강력한 태권도로 알려져 있다.

할렐루야 태권도 선교단의 프로그램을 통하여 대한민국 국기(國技) 태권도가 세계를 향하여 널리 알려지고 태권도인들이 인류를 리드하는 정상에 오르는 시대를 기대해 본다.

5
문무 정신

문무정신은 책을 많이 읽어 지식을 배우고
태권도 수련으로 강한 정신력과
건강한 몸으로 남에게 관용하고
용서하는 배려하는 운동이다.

태권도 수련은 문무 정신으로 많은 것을 배워서 남들보다 학식도 많아야 하고, 무술을 연마하여 육체도 튼튼해야 한다고 생각을 한다. 이런 문무 정신이야말로 사람들이 이 세상을 살아가는데 꼭 필요한 정신이라고 생각을 한다. 태권도를 수련하는 학생이나 부모들도 모두가 좋을 것 같아서 태권도 수련을 등록 하는데 여러 사람들이 검은 띠가 되도록 태권도를 꾸준히 수련하지를 못하는 사람들이 많이 있다.

태권도는 유급자들이 블랙 벨트가 되기 위한 기본적인 수련이라고만 생각하면 너무나 많이 아쉬워한다. 검은 띠 심사를 앞두고 포기하는 학생들을 보면 인내와 끈기가 많이 부족하다. 태권도 수련에 있어서 문무 정신만큼 좋은 정신과 사고방식은 없다고 생각을 한다. 학문의 배움은 끝이 없고, 몸의 건강 추구도 끝이 없기에 중도에 포기하는 사람들이 많다. 그래서 인내하지 못하고 끝까지 문무 정신으로 목표를 추구하지 못하고 인생을 실패하는 사람들이 간혹 있는 것 같다. 이렇게 살아가는 사람들은 국가와 사회에 이바지하지 못하는 점도 있다고 생각한다. 그래서 나의 태권도 수련에서는 태권도 정신을 충(忠)·효(孝)·예(禮)의 정신 사상을 바탕으로 가르친다.

여기에 학식이 더하면 너그러운 성품을 가지게 되며 사람이 건강하면 자신감을 가지고 살아가게 된다. 태권도 문무 수련을 할 때 금강 태권도 수련장에서는 학업 성적이 B학점 이상이 되도록 권면 한다. 때로 학업 성적이 나쁘면 태권도를 수련할 수 없다고 강력히 엄포를 놓기도 하며 학업에 충실하도록 권면한다. 우리가 다 같이 상식적으로 생각을 해본다면 학식이 없이 태권도 수련을 한들 뭐하겠는가? 태권도를 수련하며 학식을 열심히 더해 가는 사람들은 어떤 일을 한다 해도 사회생활에 잘 적응을 할 수 있기 때문이다. 내가 생각을 해도 학식 없으면 이다음에 어떻게 이복잡한 세상을 행복하게 살 수 있을까 걱정이 앞선다. 나는 아무리 생각을 해도 답이 나오지를 않는다. 또한 제 아무리 학식을 많이 알아도 건강하지 않는다면 그 사람이 무슨 일을 할 수 있을까? 그래 나는 수련생들에게 공부도 열심히 해서 학식이 많은 사람이 되고 태권도를 열심히 해서 건강한 사람이 되어 이 세상을 자신만만하게 살아갈 수 있도록 태권도를 가르친다.

내가 미국에서 태권도 체육관을 운영하며 성적이 B학점 이하가 되는 학생들에게 점차 학업성적이 나아지도록 가르치고 이로 인하여 의과대학에 입학하여 의사가 된 사람도 있고, 대학연구실에 근무하는 사람도 있다. 초등학교 2학년 때부터 태권도를 배우기 시작하여 검은 띠가 되어서도 코피를 많이 흘려 인디언 마을에 갈 때 내가 데리고 잠을 재워야 했던 학생도 있었다. 그 아이는 문무 정신 교육을 태권도 수련을 통하여 많은 것을 배우며 성격도 원만하여 주위 사람들과 태권도 수련장 선후배 사이에서도 평판이 좋은 학생이었다. 부모님이 세탁소를 운영하면서도 태권도를 가르치는 부모님의 역할도 매우 중요했다.

 태권도 블랙 벨트가 되면 영원한 블랙 벨트이다. 어디에 가도 태권도 블랙 벨트는 대우를 받는다. 대학 공부나 직장 생활을 하느라 수련을 하지 못했어도 태권도 블랙 벨트는 영원한 블랙 벨트이다. 태권도 유급자의 정상이 블랙 벨트였다면 블랙 벨트의 정상은 또 어디가 될까?

6
길

태권도의 기술은 아주 단조로우면서도 한도 끝도 없는 기술 연마의 필요성을 내포하고 있다. 옛날 무술영화를 보면 무술인들은 10리를 내다보는 내공이 있다고 할 정도로 정신력이 아주 대단하다고 생각을 한다. 우리나라 역사 다큐멘터리 야인시대 같은 드라마에서도 김두한과 모든 배우들의 격투를 보면 모두가 태권도의 기술이었다. 일본 사람들이 칼을 가지고 싸움을 걸어와도 김두한은 모두 박살을 내고 승리를 얻는 것을 볼 수 있다. 물론 영화라 하지만 그만큼 태권도의 역할은 대단했다.

미국 "로스앤젤레스"에서 거행되었던 대한민국의 태권도 시범은 정말로 말로 표현할 수 없는 대단한 태권도 기술을 보여주었다. 나도 가끔 "유 튜브"를 보노라면 엉덩이가 들썩들썩하며 시청한다. 공중이나 지상에서 선보이는 기술 하나 하나에는 이루다 말 할 수 없는 위험과 노력으로 이루어 내는 태권도의 시범이라 생각을 한다. 공중을 날아다니며 격파를 하고 빙글빙글 돌면서 격파를 하고 여러 가지와 형태를 이어가면서 격파 기술을 보일 때는 아마도 제정신으로 그렇게 시범을 할 수 있다고 보기는 어렵다.

태권도의 기술과 역사는 어떻게 우리가 알 수가 있을까? 나의 견해로는 사람이 이 세상에 태어날 때까지 누구나 할 것 없이 태권도를 한다. 어린아이로 어머니 뱃속에서부터 태권도 무술이 시작된다고 생각을 한다. 어머니의 뱃속에 있는 태아는 엄마의 배 안에서 주먹질도 하고 발로 쿡쿡 차기도 하면 엄마는 아프지도 않은지 오히려 더 좋아한다. 뱃속에서부터 태권도 발차기 훈련을 배워서 태어나니까 말이다. 이 세상 어떤 운동도 어머니 뱃속에서부터 발차기 연습을 하고 태어나는 운동종목이 어디 있겠는가? 이 세상에 태어난 갓난아이의 발을 보면 좋아도 발차기를 계속하고, 울면서도 발차기를 계속하는데 아이는 엄마의 뱃속에서 발로 차고 주먹질을 하면 엄마들은 배를 손바닥으로 빙빙 돌려가며 뱃속의 아기가 태권도 하는 움직이는 것을 보고 만져보라고 하지 않는가? 태권도는 어머니 뱃속에서부터 시작을 하는 것이라고 이야기를 해도 누가 반문하기 어렵다. 어머니 뱃속에서 열달 동안 태권도 수련을 하고 태어나 세상 밖으로 나오는데 세상에 태어난 어린 갓난아기를 보면 잠자는 시간을 제외하고는 계속 태권도를 한다. 어머니 뱃속에서 열심히 태권도 발차기를 계속하고 주먹 지르기와 얼굴 지르기 그리고 엄지손가락을 깨물기를 하며 주먹을 단련시킨다. 이렇게 엄마 뱃속에서부터 태권도를 수련하고 태어난 아이들은 무럭무럭 건강하게 잘 자란다.

7
품새는 인격

　우리나라 민족이 우랄알타이어족에서 알타이어족으로 구분되면서 민족적 역사관은 많은 변화를 가져오고 있다. 외세의 침략을 900번 이상 당하며 우리 민족의 순박한 성격으로 방어를 위하여 시작된 것이 오늘날의 태권도가 되었다고 본다면 태권도의 역사와 기술은 반만년 유구한 역사위에 뛰어난 무술이라 생각을 한다. 외세의 수 없는 침략을 당해도 대단한 것인데 90번도 아닌 900여 번이나 된다고 하니 우리 민족이 이러한 무술이 없었다면 수많은 외세 침략을 막아내고 물리칠 수 있었을까? 그래서 나의 태권도 견해는 무술에만 그치는 것이 아니라 도의적, 정신적, 육체적 무술로서 역사적 전통을 이어왔다고 보는 것이 맞다고 본다. 그래서 태권도인들은 예의부터 가르친다. 예의라 함은 어른을 존중하고 스승에게 존경하며 사람을 대할 때에는 최대한의 예의를 지키며 적과 겨룰 때에는 일격 필살의 정신으로 물리쳐야 하기 때문에 태권도를 수련하여야 한다고 나는 배웠다. 그렇게 정신교육을 받고 나면 차렷 자세부터 한 가지, 한 가지 걸음마부터 배우기 시작하며 아래 막기부터 주먹 지르기를 배우게 된다. 이때도 역시 항상 생각하고 방어를 먼저 한 후에 공격하는 습관을 배우게 된다.

태권도를 처음 수련하는 사람들은 태권도가 시시하다고 느끼지만 태권도만큼 쉬워 보이면서도 어려운 운동이 없다. 항상 앞뒤와 좌우를 함께 동작하여야 하는데 온 몸으로 자세를 취하기는 여간 어려운 운동이 아니라는 생각을 한다. 이를 연속 동작으로 배우는 동작이 품새이다. 품새는 보통 20동작에서 30동작 미만으로 유급자 품새와 유단자 품새로 나누어지는데 모두 17개 품새 동작이 있다. 17개 동작의 품새를 외우는 일이 아마도 머리 나쁜 사람들은 오랫동안 외워도 못 외우는 사람들이 많이 있다. 그러나 열심히 하다 보면 머리가 좋아져서 모두 다 외우게 되는데, 이 품새를 계속하면 정신이 건강해지면서 치매 예방에 매우 효과적이라는 이야기도 있다. 또한 공부하는 학생들에게는 태권도 수련을 통하여 학업 성적이 높이 올라가는 경우도 있다고 한다. 미국에 사는 어떤 의사는 대학시절 아침 여섯시부터 공부를 시작하면 밤 12시까지 공부를 하여야 하는데 공부를 하다가 졸리면 도서관 밖에 나가 달빛 아래에서 그림자를 거울삼아 태권도 품새를 태극1장부터 졸음이 없어질 때까지 하고 20살에 대학을 졸업한 학생도 있다. 태권도 정신으로 학업을 할 수 있었다고 이야기를 하는데 현재 세계 태권도 본부 국기원 공인 5단이다. 그는 대한민국 사람은 군복무를 다녀와야 한다고 한국에서 군생활을 하는 조건으로 미 공군에 지원해서 현재 소령으로 근무중인데 내년에 군복무를 마치면 미국에서 병원을 개업할 예정이라고 한다.

이와 같이 태권도를 정상적으로 수련하면 각자 개인의 인격 수양으로 인하여 아주 현명한 판단하에 사회생활의 모범자가 될 수 있다. 태권도 관장으로서의 자격도 가질 수 있지만 태권도 수련을 통하여 더 많은 것들을 생각하고 연구하여 본인이 이루어야 할 목적을 달성하고 남다른 인내와 승부욕을 통하여 성공하는 사람들도 많이 있다고 한다.

미국에 '준 리' 태권도 관장은 백악관과 의회에 들어가 의원들에게 태권도를 가르치며 대한민국의 국익에 많은 일들을 했고 태권도 수련을 통하여 대한민국 사람들의 삶을 이해하고 협력하는 위상을 심어준 태권도인이었다. 수많은 사람들이 태권도를 통하여 세계평화에 기여하고 살기 좋은 인류가 되기를 기대해 본다.

8

나는 할 수 있다.

 태권도를 오래 수련하다 보면 처음 느껴본 것이 머리가 좋아지는 것을 실감하게 되는데 태권도를 열심히 안 한 사람들은 이 말이 무슨 말인지 잘 모를 것 같다. 태권도를 하면 머리가 좋아진다. 박사가 되려면 영어와 국어를 잘해야 되고, 또 수학은 방정식부터 통계에 이르기까지 한국사와 세계인류사부터 화학기호까지 암기하려면 초·중·고 12년도 모자라 대학 4년을 더하면 16년, 거기다 대학원 연구원까지 더하면 19년, 박사까지 하려면 20년이 훨씬 넘어야하는데, 이렇게 학식을 더해 가기 위해서는 암기력도 중요하고 더더욱 체력이 뒷받침 되어야 한다. 이때 태권도만큼 이를 뒷받침 해줄 수 있는 것은 없다고 생각을 한다. 태권도를 수련하면 사람의 신체 구조를 알게 되는데, 이는 방어와 공격을 할 때 어디를 얼마만큼의 힘을 가격하면 겁을 주는 수준이고, 좀 세게 가격을 하면 아픈 정도이고, 좀 강하게 가격하면 중상을 입을 정도이며, 좀 깊이 가격하면 사망할 수 있는 것을 알다 보면, 차마 사람과 다투지 않는 것이 이기는 것이라는 것을 깨닫게 된다.

오늘날 호신술은 사람이 살아가는데 꼭 필요한 기술이다. 묻지마 살인과 묻지마 폭력이 사람이 살아가는 세상 한 복판에서 일어나는 현상은 그만큼 패역한 세상이 되었다는 것인데, 우리는 호신술의 기술을 수련하여 사회질서를 유지하는 참 모습을 보여주어야 한다. 그러나 사람들은 호신술에 대하여 아주 쉽게 생각하는 경향이 있다. 호신술은 내가 알고 있기에는 반복되는 훈련이 필요하다. 왜냐하면 사람마다의 기술의 차이가 있듯이 범죄를 하는 사람들의 행동이 모두 판이하게 틀리기 때문에 우리는 반복적인 호신술의 기술을 익혀야 된다고 생각을 한다. 호신술 기술에 있어서 첫째는 상대방의 손동작과 발동작을 읽을 줄 알아야 한다. 상대방의 공격하는 자세에 따라 방어의 자세가 다르며 상대방의 실력이나 모든 것을 알 수가 있다. 상대방이 나의 손을 잡고 공격을 가할 때에도 나는 어떻게 이 호신술 기술을 발휘하여 슬기롭게 빠져 나오는지에 대하여 알아야 한다.

　내가 인디언 선교를 할 때 인디언 추장이 말을 타러 가자는 제의를 받고 "오리건주" 깊은 산골짜기에 갔던 적이 있다. 하얀 눈으로 눈을 뜰 수 없을 정도로 반짝이는 "웜 스프링"의 마을에서 한참을 가며 한적한 이러한 산속에 태권도 호신술 전문학교가 있으면 좋겠다는 생각을 하며 한참을 지나 인디언 경찰사격장에 도착하였다. 말은 안 타고 사격을 할 수 있도록 경찰들이 준비를 해 놓았고 나는 캡틴에게 사격을 먼저 할 것을 양보한 다음 38권총으로 5발을 장전하여 연발로 사격을 했다. 이때 캡틴이 깜짝 놀라서 어떻게 이렇게 사격을 잘 하냐고 묻기에 대한민국 남자는 모두 의무적으로 군에 입대를 해야 한다고 이야기를 하며 북한과 대치하는 대한민국 군대는 강한 정신력과 체력으로 태권도와 사격은 필수이며, 대한민국 남자는 모두 나같이 총을 잘 쏜다고 말한 적이 있다.

　호신술을 남녀노소 누구나 배워 두어야 하는 이유는 어려서는 신체적 발달에 영향을 주며 성인이 되어 여자는 신체적 위험이나 혹은 나쁜 사람들에게 순간적인 피해를 당하여 위험 할 때 꼭 필요하므로 배워야 하고, 노인들은 잘못하면 넘어질 때 낙법으로 다치지 않고 넘어질 수 있기 때문이다. 호신술에 기술은 나이 들어서 보다 어릴 때부터 한다면 유연한 몸으로 배울 수 있고 호신술 운동으로 우리나라는 더욱 강국의 의지가 심어지리라 생각을 한다.

9
프로 태권도(跆拳道)

　나는 프로 태권도의 필요성에 대하여 아주 적극적 찬성론자라 할 수 있다. 왜냐하면 현재 텔레비전을 보면 UFC 등 프로 세계챔피언 자리를 걸고 세계 사람들이 열광하는 모습을 우리는 TV를 통해 보고 있다. 그래서 태권도도 프로화가 필요하다고 생각한다. 더불어 아마추어 태권도 역시 세계인들의 인기를 위해 올림픽 경기 운영 시스템을 계속 유지하며 나아가 프로 태권도의 발전을 추구하여야 한다고 생각을 한다. 세계 인구 1억 명 이상이 태권도를 배우고 있다는 증거는 태권도가 사람들의 삶에 많은 유익이 있다는 것을 증명해 주는 것이다.

　오늘날 태권도 수련을 하고 유급자에서 유단자 승단을 계속하면 단 수만 올라갔고 더 이상의 흥미를 잃어버리기 쉬운데 국제사랑의 아카데미 세계 태권도 선교본부의 태권도 선교는 유단자들이 나이가 많아도 이세상 다 할 때까지 할 수 있는 일들이나.

저소득 국가에 태권도 도복을 입고 검정 띠를 매고 다니기만 해도 100명 이상의 사람들이 모이게 되는데 각자에게 주어진 시범 하나 이상을 연습하면 된다. 시범을 보일 수 있는 것은 너무 많이 있다. 태권도 기본 동작이 있고 품새가 있고 격파에서는 손 날 격파와 주먹 격파, 엄지 격파, 맨 주먹 격파 등 다양한 격파 기술이 있다. 발로 차기에는 앞차기, 옆차기, 돌려차기 이외에 수많은 기술이 있으며, 뛰어차기는 수백 번을 보고 또 보아도 싫증이 나지 않는 시범들이 있다. 이러한 프로그램들을 프로 태권도에서도 소화해 낼 수 있도록 태권도인들은 서로 협력하여야 된다고 생각을 한다. 의견절충은 말로만 하지 말고 각자의 의견을 수렴해서 할 수 있는 것들만 하면 되는 것이라 생각한다.

프로 정신은 누구나 가지고 살아야 한다고 생각을 하는데 프로 정신은 전문가의 기질을 가지고 돈도 벌어야 하고, 명예도 얻어야 하고, 어디에 가도 프로 근성이 있어야 한다. 태권도 선교는 태권도 선교의 프로가 되어야 한다. 프로 정신은 때때로 도복을 입고 다니며 사업차 사람을 만날 경우도 도복을 입어야 한다. 또한 잠을 잘 때도 도복을 입어야 하고 선교지에서 항상 도복을 입어야 하는데 죽어서 마지막 장례를 치르더라도 도복을 입고 관에 들어가도 프로의 정신을 가져야 한다. 태권도 선교사의 프로 정신은 어떤 기술을 가지고도 나는 세계에서 최고의 실력을 가지고 있다고 자부심을 가져야 한다. 태권도의 프로 정신은 약한 자에게는 약하게, 강한 자에게는 강하게 도전함으로써 태권도의 정신으로 살아감은 물론, 어려운 사람들에게 꿈이 넘치는 자신감, 승리하는 삶을 살아가게 하여야 한다. 이러한 프로 정신은 현대를 살아가는 사람들에게는 개인적인 프라이드와 우월감으로 사회생활의 일원으로 살아 갈수 있어야 한다.

프로 태권도인의 선교 활동은 태권도 선교사로서 프로가 되어야 하며, 이를 위해 불타는 사명감을 가지고 예수 그리스도의 온전한 복음주의적인 프로가 되어야 한다. 예수 그리스도의 복음전파 프로라면 하나님께서 어떠한 은혜를 부어 주실까 하는 생각이다.

할렐루야! 프로 태권도가 지니는 의미야말로 복음적인 시대적 사명을 감당하게 될 유일한 최고의 위상이 될 수 있을 것이라 믿는다.

10
국기(國技) 태권도(跆拳道)

 국기(國技) 태권도는 1970년대에 박정희 대통령께서 10개 태권도관을 통합하여 국기(國技) 태권도로 명하고 군대훈련이나 학교에 필수과목으로 태권도를 배우도록 하였다. 그 후 많이 알려지지 않은 도산체육관이 국기원에 등록되어 11개 태권도관이 통합이 되었다고 한다. 박정희 대통령께서 태권도 통폐합은 아주 잘 이루어 내신 역사적 일이라 생각을 한다. 아마도 지금 같으면 어림없는 일이라고 생각을 한다.

 태권도가 국기(國技) 태권도로 명칭되어 통합이 되면서 대한민국 태권도 사범들이 미국 등 선진국들로 이주하여 태권도 체육관을 개설하여 많은 인기를 얻으며 대한민국의 국위선양에 힘써 왔다. 태권도 사범들이 외국에서 생활하며 목숨을 담보로 체육관을 개업하는데 일본의 가라테와 중국의 쿵후가 성황을 이루는 시대에 태권도 사범들의 엄격하고 대담함은 오늘날의 세계적인 태권도로 발판을 단단히 굳혔다고 나는 생각을 한다. 그를 이어 할렐루야 태권도 선교 시범단의 해외 진출도 많이 앞서가고 있었다. 당시에 우리나라 정치, 경제, 사회가 혼잡할 때에 대한민국 태권도 사범들의 활동은 필살의 정신으로 임했다.

당시 태권도 사범들은 재정이 어려운 관계로 이루 말로 다할 수 없는 생활고에서도 머리부터 발끝까지 깨끗이 단정하게 했으며, 체육관 안에 조그마한 잠자리와 먹는 곳을 만들어 생활하였다. 내가 아는 사범은 샤워장이 없어 수련생의 집에 가서 샤워를 해야 할 만큼 힘들고 어려운 태권도 사범의 길을 걸었다. 한국으로 가고 싶어도 당시 미국에 가면 모두 잘 산다고 생각을 하니 다시 한국으로 돌아갈 수도 없는 삶이 되었는데 뒤늦게 미국 이민을 간 사람들은 한국 사범들의 그 엄청난 노고를 이해 못하고 많이 비판하는 사람들도 있었다.

대한민국 국기(國旗) 태권도 사범들이 해외에 가서 필살의 정신으로 이끌어 갔던 중요한 사항들을 적시하는 것은 후세에도 태권도의 기상을 높여야 하겠다는 생각에서다. 국기(國技) 태권도라고 명칭을 박정희 대통령께서 친필로 남기셨으며 이로 인하여 한국 태권도가 급성장하는 추세에 들어갔다. 당시에 올림픽 종목으로 채택되기 위해서는 태권도가 통일되어야 한다는 취지였다. 처음 태권도 사범님들이 해외에 가서 체육관을 오픈하면 한국 태극기를 가방에 넣어 가지고 다니며 체육관 앞에 대한민국 태극기와 그 나라의 국기를 달고 태권도 수련을 시작하였으며 차렷, 경례 후 묵념을 하고 관장과 사범께 인사를 하고 태권도를 가르쳤다. 대한민국의 태권도는 국기(國技) 태권도이다. 대한민국의 상징이기에 세계 어떤 나라에 가서도 태권도 도장에는 태극기를 걸고 국기에 대한 경례를 한 다음에 수련을 시작한다.

　대한민국 국기(國技) 태권도가 이동섭 원장의 노력으로 법제화되어 이제부터 대한민국 국민들이 모두 태권도를 수련하여 국가관과 민족의식을 높이 함양하여 세계정상을 향하여 나아가야 한다고 생각을 한다.

11
태권도(跆拳道)수련의 출발

　태권도는 사람으로 태어나기 위해서 뱃속에서부터 태권도를 하고, 태어나자마자 운동이라고는 태권도 밖에 할 수 없어서 갓난아기를 보게 되면 누워서도 앞차기와 주먹 지르기를 한다. 뱃속에서 발차기와 주먹 지르기를 하면 엄마는 아이가 운동한다고 좋아 한다. 태권도는 엄마들의 맷집으로 시작되는 수련이라고 생각을 한다. 갓난아기 때에는 기분이 좋아도, 배가 고파도, 아파도 특히 엄마를 보면 앞차기, 주먹 지르기를 하며 웃는 어린아이의 모습은 얼마나 귀여운지 그러한 사진들을 엄마들은 잘 간직한다.

　오지의 나라에 가서 태권도를 모르더라도 처음 태권도를 가르칠 때에 주먹 지르기와 발차기를 가르치면 얼마나 신나게 따라 하는지 모른다. 그 이유가 엄마 뱃속에서부터 발차기와 주먹 지르기 운동을 하여 건강한 아이로 태어나기 때문이다. 태어나면 처음부터 하는 운동이 발차기와 주먹 지르기인데 이것을 평생 계속 하여야 건강할 텐데 나이가 들어가면서 발차기, 주먹지르기 운동을 안 하기에 건강이 약해진다고 나는 생각을 한다.

　태권도는 우리 인간에게 없어서는 안 되는 아주 기본적이면서 장수운동이라 생각을 한다. 태권도의 태(跆)는 발을 의미하는데 발이 할 수 있는 것들을 생각해 보면 서 있고, 걸어다니고, 차고, 뛰고 그밖에 발이 할 수 있는 것들은 아주 많이 있다. 권(拳)은 손을 의미하는데 손은 일을 하기 위한 수단이다. 학생은 공부를 열심히 해야 하고 일을 하는 사람들은 열심히 일을 해야 한다. 발이나 손이 둘인 것을 보면 이러한 일들을 하기 위해서 온몸이 건강해야 하는데 이는 바로 태권도의 무도정신이다.

　무도 정신은 무인답게 인생을 살아가면서 나보다 상대를 낮게 여기고 용서하며 관용하며 뒤로 물러 설 줄 아는 정신이다.

우리 아버지께서는 국민학교 문턱도 못 가신 분이시다. 내가 어려서 우리 아버지의 생활을 보면 지혜가 많으셨던 것 같다. 여름에는 남들보다 일찍이 일어나셔서 해가 퍼져서 뜨겁기 전에 일을 나가신다. 새벽 네 시나 다섯 시에 일을 시작하시면 오전 열시나 열한 시까지 일을 하시고 들어오셔서 목욕을 하시고 나서 시원한 모시적삼을 입으시고 마을로 나가시든가 장터를 가셔서 드시고 싶은 식사를 하시고 저녁에 들어오시면 해가 넘어 갈 무렵에 다시 어두워질 때까지 일을 하신 후에 우리 어머니와 개울 가로 목욕을 가신다. 남들이 보기에는 매일 노시는 것 같지만, 논두렁이나 밭에는 항상 풀이 깔끔하게 정리가 되어 있다. 내가 보기에는 다른 집 농사보다 훨씬 멋있게 수확을 올리시는 것 같다.

그렇게 지혜로 열심히 사시던 아버지께서 76세에 하나님의 부르심을 받으셨는데 수원시 연무동에 있는 창훈대 교회 한명수 목사님께서 임종예배를 드릴때 온 힘을 다해 잘 살라고 마지막 말씀을 남기시고 가족과 이별을 하셨다.

아버지께서 하나님께로 가시기 3일 전에 장남인 나에게 일러주셨던 말씀이 세상을 살아나가는데 보약 같이 힘이 되는 줄은 그때는 나도 미처 몰랐다. 앞으로 인생을 살아가는 데 나보다 하루라도 먼저 이 세상에 태어난 사람에게는 물을 마실지라도 뒤로 물러설 줄 알아야 하고, 고목나무는 절대로 베어서는 안 된다는 말씀이었다. 고목나무는 아무 나무나 고목이 될 수 없고 아무 땅에서나 고목나무가 되는 것이 아니므로 고목나무는 절대로 함부로 베어서는 아니 된다는 말씀이셨다. 나는 한 그루의 고목나무가 되어 정상의 삶을 살아갈 수 있을까? 나의 삶을 뒤 돌아 본다.

12
태권도 9단

나는 어려서부터 뛰어 노는 것을 좋아했다. 그래서 나는 공부하는 것과 뛰어 노는 것을 택하라고 하면, 십 여리 길을 뛰어갔다 오는 한이 있더라도 공부는 하기 싫었다. 외딴 집에서 태어나서 그런 것인지 사람들이 우리 집에만 오면 좋아서 가지 못하게 하는 경우도 있었던 기억이 난다. 동네에 친구라고는 한 명이 있는 데 이 아이는 나보다 2살이 더 많아서 학교를 일찍 가게 되었는데, 이 친구가 학교를 가니 같이 놀 아이가 없어졌다. 나는 아침이면 동네에서 학교가는 언덕에 제일 먼저 나가서 이 친구를 따라 학교를 가는 것이 내 일과가 되어 버렸다. 그렇게 학교를 다니다 보니 우리 아버지께서 학교 교장선생님을 찾아가 나를 학교 좀 가게 해달라고 부탁을 하시니까 교장선생님은 나 보고 학교 다니겠냐고 물으셨다. 그때 나는 곧바로 학교에 다니고 싶다고 이야기를 하여 교장선생님께서 1학년 담임선생님을 부르시고 나를 입학 시키라고 하셔서 나는 6살에 국민학교 1학년 학생이 되었다.

그때 담임선생님 성함은 이인배 선생님이셨다. 오른쪽 덧니가 매력적인 선생님이셨다. 당시에 나이가 어려 입학이 어려웠으나 1학년 학생이 되었다. 막상 학교를 다니니까 공부도 어렵고 반 아이들보다 조그만 아이였고 괜히 학교에 다닌다고 했나 싶은 마음이 들기도 했다. 그래도 나는 공부를 해야 한다는 일념으로 학교를 다니기 시작했다.

그런데, 2학년이 되면서 학교에 다니는 것이 싫었던 것은 구미리(지금 구미동)에 사는 아이가 나를 얼마나 많이 괴롭히는지 학교 가기가 몹시 싫어졌던 것이다. 나만 그러는 것이 아니고 우리 반 아이들이 거의 매를 맞고 다니고 있었다. 우리 어머니는 아주 엄하게 자식들을 가르치신 분이다. 태권도의 기본 정신이 조금 있는 분이시다. 학교에 다니면서 기가 죽을까 걱정이 되셔서 우리 동네 형들에게 가끔 10환씩을 주면서 나를 잘 데리고 다니라고 부탁을 하셨다. 그런데 한

학년이 올라가면서 동네 형들은 학교를 졸업하고 수원으로 중학교를 다니게 되어 나를 지켜 줄 사람이 없어 시작한 것이 당수도(공수도)였다.

당수도(공수도)를 배울 때에 동네 앞, 개울가에 앉아 넓적한 돌들을 가져다가 당수로 깬다고 깨는데 정말 재미있게 깼다. 니는 그 실력으로 지금까지 손 날 격파를 하는데 2010년에 세계한마당태권도대회에서 동메달까지 땄으니 내 손으로 매 맞는 사람들은 돌로 맞는 것과 마찬가지 였을 것으로 생각하면 나도 웃음이 나온다. 그렇게 시작하여 검은 띠를 따게 되었다. 사람이 정상을 향하여 성취한다는 것이 얼마나 어려운 것인지 모른다.

중학교 2학년 때에 검은 띠를 허리에 두르고 나는 당수도 9단까지 하리라 마음을 단단히 다짐했는데 사람이 살아가는데 내 일념대로만으로 살아 갈 수는 없었는지 군대에 입대하여 정훈하사로 11사단 정훈 부서에 근무를 하던 중, 박정희 대통령의 특별 지시로 대한민국 60만 대군에서 계급을 가리지 않고 30명의 사격선수들 선발하는데 권총사격으로 1등을 차지한 후 나의 삶은 매일 1,500발의 권총을 쏘는 총잡이가 되었다.

 전역 후 나는 한국주택은행실업팀에서 총을 쏘면서도 태권도는 멀리하지 않았다. 수원 충무체육관에서 운동을 계속하였으며, 미국에 가서도 차수용 관장 덕분에 태권도의 수련을 멈추지 않고 계속하여 중학교 때의 태권도 공인 9단의 꿈을 이어갈 수 있었다. 나는 세월이 흘러 공인 9단을 성취하기까지 하나님께 함께해 주신 동역자 가족 사범님들께 감사를 드린다.

 공인 9단의 정상이 나에게는 70부터 '한 손에는 성경을 들고 한 손에는 도복을 들고' 세계를 향한 선교의 시작이라 생각한다.

제2부

한 손에 성경을 들고

1. 선교의 비전
2. 전망대 기도
3. 도복에 십자가를
4. 선교사 파송
5. 할렐루야 태권도 선교단
6. 선교 신학교
7. 아카데미 시상식
8. 태권도 부흥사회
9. 태권도 숲 사랑
10. 196개국 국제 사랑의 아카데미본부
11. 인류 복음화를 리드하는 대한민국 교회
12. 사랑의 보안관 학교

"한 알의 밀이 땅에 떨어져

죽지 아니하면 한 알 그대로 있고

죽으면 많은 열매를 맺느니라.

자기의 생명을 사랑하는 자는

잃어 버릴 것이요

이 세상에서 자기의 생명을 미워하는 자는

영생하도록 보존하리라."

(요한복음 12장 24-25절)

1
선교의 비전

하나님께서 사람을 처음 만드실 때부터 태권도를 하도록 창조하셨다. 사람이 살아가는데 있어서 태권도 동작을 사용하지 않고서는 살아갈 수가 없다. 그래서일까 세계 어느나라에 가든지 태권도를 이야기하면 거부하는 사람들이 없다. 사람이 서야 살아갈 수 있고, 걸어야 갈 수 있고, 뛰어야 살아갈 수 있다.

태권도 동작 하나 하나는 사람이 살아가는데 필수적인 동작들이다. 그러므로 태권도 동작 운동을 하지 않고서는 일을 할 수도 없으며, 하나님께서 약속하신 120세의 건강을 유지할 수가 없다. 태권도는 이 책에서 몇 차례 언급할 만큼 중요하다 생각되어 기술하고 있듯이 태권도의 기본훈련은 태아부터 어머니 배 안에서 시작되고 있다. 엄마 배 안에서 열심히 발차기, 주먹 지르기 연습을 하고 태어난 아이들이 건강하다. 또한 태어나서부터 하늘을 향하여 울든지, 웃든지, 놀든지, 발차기와 주먹 지르기 등 쉬지 않고 운동하는 어린이가 건강한 것을 볼 수 있다.

 5대양 6대주 많은 나라들을 다녀보면 태권도를 많이 하는 나라의 사람들이 건강하고 잘 사는 것을 볼 수 있다. 우리나라의 경우도 태권도의 붐이 일어나던 1970년대 이후 2000년도까지는 세계에서 최고의 경제성장과 함께 전 세계에 태권도 전파를 시키던 시대이다. 이후 태권도인들이 점점 줄어들면서 급기야 지금은 어린 아이들에게 학교 방과후 놀이터 정도로만 생각되는 경향이 있어 안타깝다.

 태권도 선교의 비전은 정신함양에 있다고 생각을 한다. 국가와 민족 앞에 충성하고, 우주만물을 지으신 하나님을 믿고 말씀에 순종하는 믿음의 삶이, 가정과 태권도 수련에서 시작되어야 한다고 생각을 한다. 그리고 태권도 수련생은 부모님 말씀에 순종하고 존경하는 마음을 가지고 살아야 하며, 웃어른을 존중하는 사회 풍토가 되어야 한다. 태권도는 아직도 태권도 단을 소유하면 어디에 가든지 인정받고 있는 점을 생각하면, 예수 그리스도의 복음 전파에 하나님께서 예비하여 만드신 운동이라 생각이 된다. 또한 오늘날에 사람이 살아가는 위계질서는 태권도에서 만이 수련할 수가 있다. 웃 어른을 몰라보고 막 되어 가는 세대를 보면 인류의 종말이 가까이 오는구나 하는 생각을 한다. 태권도를 수련하는 사람들을 바라보는 것이 학교 다니는 어린 학생들만의 운동으로 인식되어가고 인류 사회의 위계질서가 무너지는 세태에 태권도 선교야 말로 교회에서부터 시작하는 것이 태권도 선교의 비전이라 생각을 한다.

2
전망대 기도!

나는 미국에서 한국에 도착하자마자 곽 호 목사님를 만나 식사를 하는 중에 식당 안에 있는 조그마한 텔레비전에서 전쟁영화 장면 같은 화면을 간혹 시청하고 있을 때에 곽 호 목사님는 내게 지금 북한에서 "연평도"에 포격을 하고 있는 장면이라는 이야기를 듣고 나는 이 세상에 사람이 어떻게 사람들이 살고 있는 민간인 섬에 포격을 가하나 너무 의아한 마음으로 기도를 요청하며 내가 이 자리에서 할 수 있는 것은 기도 밖에 없으니 곽 호 목사님에게 우리 둘이라도 먼저 한국에서 북한 휴전선과 가장 가까운 전망대에 가서 기도하자는 의견을 모아 먼저 칠성전망대를 가기로 결정하였다.

다음날 우리는 모든 일을 미루고 칠성전망대를 향해 이 생각, 저 생각을 하며 많은 이야기를 나누었다. 우리 둘은 여러 대화를 나누며 김정은 나이가 30살도 안되었다고 하는데 필경 북한의 내분이 일어날 수 있을 것이니 곽 목사님과 내가 30살 때를 생각하고 북한 김정은을 위하여 우리가 기도할 때라고 이야기를 하였다. 우리는 예수님이 가르쳐 주신 기도를 해야 될 것 같다는 의견을 제시하였다.

"하늘에 계신 우리 아버지, 하나님께서 김정은 마음에 예수 그리스도의 마음을 주시기를 원합니다." 예수님 말씀의 믿음이 그의 마음에 임하신다면 더 이상 남북 간의 전쟁은 없어지고 평화는 이루어 질것이라 생각을 하였다. 북한의 김정은 한 사람의 마음만 예수님 마음으로 변하면 평화의 길이 있지 않은가? 그러므로 한국이 남북통일을 원한다면 목사 중에서 대통령이 선출되어야 하고, 시장이나 도지사나 국회의원도 모두 목사들이 선출되어서 한국교회 전 성도들이 기도하기를 시작하면 공산주의, 특별히 김정은 마음이 변화될 것이라 생각을 확신한다며 많은 이야기를 하며 전방 칠성전망대 입구에 도착을 하였다.

그런데 입구에서 전망대 출입이 안 된다는 이야기를 하였다. 3일전에 신청을 해야 한다는 이야기를 들으며 의견을 나누는 중에 그러면 사단의 군종참모에게 전망대 기도하러 왔다고 이야기를 하고 부탁을 해보자고 했다. 곽 호 목사님은 군종참모 소령으로 전역을 했기에 출입을 할 수 있을 것이라 생각을 하였다. 잠시 후 군종참모가 짚차를 가지고 도착하여 함께 타고 칠성전망대 위에 올라가 북녘 땅을 바라보며 기도하기를 시작하였고, 그 후 전망대 기도회를 매월 1회 전방에 있는 전망대를 돌아가며 기도를 시작하였다. 그후 북한의 핵개발 뉴스가 한창일 때, 우리는 남북한 평화를 위해 앞장서서 기도하고 '김정은' 마음에 예수님의 마음이 들어가기를 위해서 목사님들과 함께 기도를 드렸다. 대한민국의 목사님들이 북한 핵개발 방지를 위해서 할 수 있는 일은 기도라고 믿고 있었다. 대한민국의 전방에 10여 개가 넘는 전망대가 있다. 휴전선 가까이 있는 전망대 기도에 목사들이 앞장서서 전망대 기도모임이 계속되기를 바란다.

3
도복에 십자가를

　나는 할렐루야 태권도 선교단 창단을 위해 체육인 교회 이광훈 목사님께 건의하여 모임을 가지고 태권도 선교단이 발족되었다. 김창인 목사님을 비롯하여 여러 교회 목사님들께서 참여하여 세계적으로 할렐루야 태권도 선교단이 태권도의 보급과 국위선양에 지대한 공이 있다고 생각을 한다. 할렐루야 태권도 선교단이 창단된 이후 행정적으로 수고하신 최현부 목사님께서 어려운 가운데에서 평생을 스포츠 선교를 위하여 하나님께 헌신한 노고에 하나님의 위로와 사랑이, 남은 생애에 축복이 되기를 위하여 매일 기도하고 있다.

　이 세상에 태권도는 하나님께서 마지막 세대에 예수 그리스도의 복음 전파를 위하여 대한민국 국기(國技) 태권도라는 이름으로, 국민을 살리고 세계 인류를 살리는 선교의 태권도가 되게 하셨다. 그러므로 태권도 도복에 십자가를 새기고 태권도 선교는 십자가의 군병이 되어야 한다고 생각을 한다. 그러한 이유로 인하여 할렐루야 태권도 선교단이 세계 여러 나라에 세워지고 태권도 도복에는 십자가를 새겨 넣어야 하고, 태권도인들은 태권도의 역사적 배경과 하나님이 인간을 창조하신 섭리에 따라 인간의 행동을 잘 이해하고 학자들은 이를 바탕으로 기술 개발에 전념하여야 한다고 생각을 한다. 태권도는 정신이고 방어이고, 태권도 기술로 상대를 제압하는 수련이라고 생각을 한다. 태권도가 세계 올림픽 종목에 추가 되었으니 더욱 더 태권도의 정통성을 살리는 길이 국기 태권도의 위상을 나타내는 것이라 생각을 한다. 세계 어느 나라에 가도 태권도 블랙벨트라고 하면 입국 담당하는 분들이 웃으며 친절히 대하여 준다. 아직도 인류사회는 태권도인들의 수련에 대하여 마음으로 좋은 감정들을 가지고 있다. 나의 태권도 도복에는 십자가 마크가 있다. 태권도를 시작하는 사람들은 우주 만물을 창조하시고 사람에게 번성하여 다스리라고 하신 말씀을 생각하고 하나님 뜻에 바르게 살아야 하겠다는 생각을 한다.

이 세상에 어떠한 종교나 고서에 학자들이 이 세상을 창조했다는 확실한 증거를 얻지 못하는데 성경에서는 첫 번째로 태초에 하나님께서 세상을 창조하셨다 말씀하며, 만드신 과정과 사람이 어떻게 살아가야 하는지를 아주 정확히 말씀하고 있다. 더욱 더 우리가 깊이 생각하여야 하는 것은 이 생명이 다하면 어디로 가야 하는지도 정확히 말씀하고 있다. 하나님께서 우주만물을 창조하시고 하나님 형상대로 사람을 지으셨다고 성경은 확실히 말하고 있는데 어떤 문헌도 우주만물을 지었거나 사람을 만들었다고 말하는 곳이 성경 이외에 없다. 사람은 창조주를 바로 알고 창조주가 말씀하신 대로 바르게 살아가기를 위해 태권도를 하여야 하며 태권도 선교사들은 도복에 십자가를 새겨 아름다운 일을 행하신 일을 만국 중에 선포하여야 한다고 생각을 한다.

4
선교사 파송

　내가 태권도 선교사 중에 하필이면 인디언 태권도 선교사가 되었는지 측은하게 보는 사람들이 있다. 그리고 어찌하여 하고 많은 목사 중에 그것도 또 하필이면 선교사 중에 인디언 태권도 선교사이냐고 한숨을 쉬며 이야기하는 사람도 있다. 나에게는 어느 누가 무슨 말을 해도 모두 고마운 사람들이다. 나에게 그만큼이나 기대하고 있던 사람들이라 생각하면 고맙기 한이 없다.

　그러나 꼭 그러한 사람들만 있는 것은 아니다. 사도바울이 주의 복음을 증거하며 전도여행을 다닐 때에 고백한 말씀이 있다. "여러 번 여행하면서 강의 위험과 강도의 위험과 동족의 위험과 이방인의 위험과 시내의 위험과 광야의 위험과 바다의 위험과 거짓 형제중의 위험을 당하고, 또 수고하며 애쓰고 여러 번 자지 못하고 주리며 목마르고 여러 번 굶고 춥고 헐벗었노라."(고린도후서 11장)

이 말씀과 같이 나는 여러 번 태권도 선교여행을 하며 비와 눈이 쏟아지는 위험과 강도의 만남을 통해 죽음을 코앞에 두었던 위험과 "아리조나" 주 광야에서의 위험과 나를 모함하는 주위 사람들의 위험을 당하면서도 나는 이 땅에 뼈를 묻겠다는 마음으로 선교의 다짐을 하였다. 수고하고 애쓰고 여러 번 주리며 목마르고 굶고 춥고 헐벗으며 20여 년의 광야 인디언 선교를 하게 되었다.

한번은 "뉴멕시코" 인디언 마을에서 태권도 선교를 열심히 하는 중, 억수 같은 비가 쏟아지며 사막에 모래와 함께 시뻘건 물이 쏟아져 내려오며 자동차가 떠내려가는 순간에 주님을 부르는 심정과 "네바다" 주 "피라미드" 호수 인디언 마을 태권도 선교를 마치고 돌아가야 하는 오후에 눈이 조금씩 내리기 시작하여 폭설로 "네바다" 주 "리노"에서 "캘리포니아" 주로 가기위해 넘어가야 하는 "록키" 산맥 줄기의 높은 산의 길을 통제하여 차 안에서 밤을 새우며 추위와 견디며 싸우던 일들과 또 내가 타고 다니는 선교 차량에 불이 붙어 긴 비탈길을 달리며 제동 후 차가 폭발하여 죽음을 면했던 순간들을 생각하면 하나님의 인도하심이 있었다. 내가 어떤 긴박한 상황에 처할지라도 인도하시는 하나님의 은혜를 생각하며 감사를 드린다.

"캘리포니아" 인디언 마을에서 태권도 선교를 마치고 귀가하려는 순간 강도를 만나 배를 찔리고 이가 부러지면서 피가 얼굴과 태권도 도복에 범벅이 되어 돌아오던 처절했던 순간들이 하나님께서 나의 마음을 온순한 사람으로 만드시는 계기의 순간들이었던 것을 생각하면 감사할 뿐이다.

선교사 파송을 받고 지금 세계 각처에서 목숨을 하나님께 의지하고 선교하시는 선교사들의 수고가 허무함이 아님을 믿고 선교지 교인들과의 약속 때문에 기꺼이 비행기에 올라야 하는 선교사들에게 하나님의 은혜가 충만하시기를 두 손 모아 기도를 드린다.

5
할렐루야 태권도 선교난

나는 태권도를 1967년부터 하게 되어 태권도의 진미를 일찍이 터득한 사람 중에 한 사람이었다. 1968년에는 경기도 수원시 연무동이 있는, 그곳 "퉁소 바위" 아래 동네에서 6.25 전쟁 후 피난민과 살기 어려운 가난한 사람들이 옹기종기 무허가 건물을 지으며 살고 있는 동네 아이들에게 태권도를 가르쳐 주었다. 고등학교 나이의 남자아이는 한글을 몰라 나에게 읽어 달라하고 편지를 써주면 우체국에 가서 편지를 보내고 하는 아이도 있었다. 태권도 검정 띠가 되어서 연무동에 사는 선배 검정 띠와 공터에서 매주 토요일 태권도를 가르치며 한 손에 성경을 들고 한 손에는 도복을 들고 세계를 향하여 가라고 가르치기도 하였다. 고등학교 학생 나이가 되었는데도 한글을 모를 바에는 외국에 나가서 태권도를 가르치며 말을 배우고 새로운 삶을 살아가는 것이 더욱 유리하다는 생각을 하며 태권도를 가르쳤고 다음 날 주일에는 교회로 인도한 경험을 바탕으로 할렐루야 태권도 선교단을 창단하게 되는 동기가 되었다.

그후 나는 군에 입대하여 권총 사격 선수로서 한국 주택은행에 소속되어 있었고 또 다른 직장에 실장으로 근무하면서도 수원 충무체육관 부관장으로 태권도를 빼놓지 않고 열심을 다하여 수련을 하고 있을 때, 86아시안게임이 대한민국 서울에서 열렸다. 나는 25미터 사격장 통제관으로 로얄 박스 안에서 게임을 진행하고 있을 때, 사격경기장 안에서 체육인 교회 이광훈 목사를 만나 할렐루야 태권도 선교단을 창단하는 계기가 마련되었다.

제1기 할렐루야 태권도 선교단 단원의 시작 스토리는 연속극에나 나올 법한 숱한 사연이 있다. 그러나 이러한 상황에서도 할렐루야 태권도 선교단은 22명으로 팀이 구성되어 문화공보부 여권발급과 미국 비자를 취득하여 미국 태권도협회 양동자 회장과 차수용 관장의 협력으로 "인디애나 폴리스 팬암" 게임에 시범단으로 참석하게 되었고 화려한 은혜의 태권도 시범을 선보이게 되었다.

그후 할렐루야 태권도 선교단 단원들이 각기 흩어지게 되어 미국으로 남미로 아시아 지역으로 호주로 흩어져 개인적으로 태권도 체육관을 운영하며 맡은 사명자로서의 사명을 다하고 있으리라 믿는다.

그러한 가운데 "88서울올림픽"을 끝으로 나는 체육 행정학 박사학위를 위해 미국 West Virginian 주립대학에 입학을 위해 도미하여 아메리칸 인디언을 만나 인디언 선교사로 인생의 전환점을 맞이 하여 전 가족이 선교사의 길로 접어들었다. 가족들에게는 내 생명이 아깝지 않도록 미안함이 이를 데 없다. 어느 때에는 이러한 생각에 밤새 잠을 이루지 못한 때가 셀 수 없는 밤들로 하나님께서 나를 여기까지 인도하여 주셨다.

할렐루야 태권도 선교단이 지금은 모두 흩어져 있지만 나는 귀국하여 강원도 원주시에 할렐루야 태권도 선교단을 창단하여 196개국 국제사랑의 아카데미 사역에 진력하고자 기도하고 있다.

6
선교 신학교

　나를 신학교에 입학을 주선한 사람이 바로 아래 동생인 박종빈 목사이다. 박정희 대통령께서 서거하신 후에 대한민국은 정치적 전환기를 맞아 혼란한 정국을 맞이하고 있을 때에 내가 다녀야 할 직장을 구하는 것이 쉽지 않았다. 직장을 다녀야 하는데 직장이 마땅하지 않아 인천 사격장에서 머물러야 하는 시기에 동생 목사는 나의 손을 잡고 형이 목회를 안 하면 누가 목회를 하느냐고 나를 인천 성광교회 양춘식 목사님에게 찾아가 나를 신학교에 보내 주실 것을 부탁하였기에 나는 사격장에서 성광교회를 걸어서 다녀야 하는 부담을 가지게 되었다. 청년부 담임 전도사 이관진 목사님께서 나를 위하여 많은 기도를 해 주셨다. 토요일 교회 청년모임이 끝나면 청년부들이 모여서 호떡도 사먹고 찬양도 하며 재미있는 시간을 보내면 나는 캄캄한 사격장을 가기에는 멀어서 교회에서 잠을 자는 경우가 많이 있었다. 바로 지금의 광명교회 이관진 목사님과 함께 잠을 잤다. 이관진 목사님께서 들이오시기 전에 자리에 누워있던 나는 목사님을 기다리고 있는데 방에 들어오자마자 목사님이 기도를 시작하면 큰 소리로 30분 이상을 기도하는데 누워서 일어나지도 못하고 누워서 기도가 끝나기를 기다린다. 이불 속에서 눈을 감고 기도에 은혜를 받고 나는 평생 선교와 목회에 기도의 표상이 되었다.

그렇게 시작하여 이듬해에 대한 신학교를 입학하여 학교를 다니는데 한국 주택은행실업 팀 선수로 활약하게 되어 야간 신학교를 다녔다. 출석도 흐지부지, 신학공부도 흐지부지, 얼마나 어려운 신학 공부였는지 모르는데 2년이 지나 3학년으로 등록을 하여야 할 때 나의 마음에 이렇게 공부해서 졸업하면 무엇 하겠나 싶어 등록을 안 하고 학교를 포기하였다. 그런데 이상하게 학교에 가겠다는 생각이 들면서 잠을 잘 수도 없고 선수생활을 하는데 의욕도 나지 않아 다시 학교에 학장님을 찾아가서 저를 1학년에 다시 공부 할 수 있게 선처해 주시면 계속 학교를 다니고 그렇게 안 되면 학교를 그만 두겠습니다. 간곡히 말씀을 드리니까, 3월 15일까지 등록일자이니 16일에 다시 학교에 와 보라는 말씀에 16일에 학교에 가서 확인을 하니 등록을 안한 학생이 있어 그 자리에 1학년으로 등록을 하고 신학교를 무사히 4년을 마친 경험이 있다. 나의 마음에는 신학교에서 공부를 잘못한 생각이 마음에 깊이 새겨져 있었다. 그래서 열심을 다하여 1학년부터 다시 학교를 다니기로 하였다. 그리고 교무처장께서 나에게 1학기 수업료 납부 용지를 주시길래, 학장님께 1학년 2학년 학비를 다 냈는데 또 학비를 내야 하는지 여쭈었다. 그랬더니 나를 4년 근로 장학생으로 추천해 주셔서 졸업할 수 있다. 그 이후 "샌디에이고"에 있는 Southern California Baptist Seminary에서 대학과정부터 박사과정을 기숙사에 머물며 공부를 하게 되었다.

7
아카데미 시상식

국제사랑의 아카데미 이름은 기독교를 받아들이지 않는 나라가 지구상에 많이 있어 어떻게 이름 지을까 고심 끝에
요한일서 4장16절
"하나님이 우리를 사랑하시는 사랑을 우리가 알고 믿었노니, 하나님은 사랑이시라, 사랑 안에 거하는 자는 하나님 안에 거하고 하나님도 그의 안에 거하시느니라." 하는 말씀 가운데 하나님은 사랑이시라 말씀에서 "국제사랑의 아카데미"라 칭하게 되었다.

현재 200여개 나라에 알려진 우리 국제사랑의 아카데미는 강원도 횡성에 주소를 두고 있다. 그리고 외국 태권도 선교사 훈련을 12년째 감당하고 있다. 원주체육관은 또 대한민국

사람으로서 태권도의 선교 사명에 합력하고자 하는 분들의 모임이다. 횡성에서는 6과목을 12주 교육으로 실시하며 원주체육관에서는 태권도 시범 및 율동과 성극을 준비하고 있다.

"국제사랑의 아카데미"에서는 태권도 선교사 훈련과 선교 이외에 신학교와 태권도 선교대회를 베풀며 예수 그리스도의 복음을 전파하는데 공을 세우시는 분들의 뜻을 기리고자 아카데미 시상식을 개최하고자 한다. 다년간 각 나라에서 선발하여 대한민국에서 국제사랑의 아카데미 시상식을 개최하고 매년 대륙별로 대회를 거쳐 격년으로 한국과 대륙별 아카데미 시상을 오픈할 계획이다. 아카데미 시상식에서는 목회자와 신학자 및 선교사, 장로, 권사, 집사의 직분 별로 시상에 참여할 수 있도록 하며 태권도 선교의 활성화를 위한 아카데미 시상식이라 할 수 있다.

국제사랑의 아카데미가 196개국에 설립 되어지면 1년에 한 번씩 아카데미 시상식을 개최한다. 예수님께서 이 땅에 화평을 위하여 오셨다 하셨으니 우리의 사명은 예수 그리스도의 말씀을 따라 화평케 하는 사역이 되어야 하며 화평한 성도들의 삶이 되어야 한다고 생각을 한다.

"화평하게 하는 자는 복이 있나니 그들이 하나님의 아들이라 일컬음을 받을 것임이요. (마태복음 5장 9절)"와 같이 화평케 하는 자는 복이 있다 하셨으니 우리는 화평을 따라 살아가야 할 줄로 생각을 한다.

국제사랑의 아카데미 시상식에는 Opening Ceremony에 예배와 매일 부흥회 집회로 이어지고 찬양과 기도는 경기장마다 은혜의 찬송으로 이어지는 경기가 되어야 할 것으로 생각을 한다. 국제사랑의 아카데미 시상식에는 예배와 신학교 졸업식과 태권도 경기 혹 다른 경기도 가능하도록 편성을 하고 종합적으로 시상식을 Closing Ceremony로 막을 내린다. 태권도 경기는 현재 태권도 대회와 다른 경기를 펼치며 시상식에서는 최상의 태권도 선교 시범이 하늘을 향하여 펼쳐지고 이 땅에 화평을 주러 오신 예수 그리스도의 복음이 전파되는 환상적인 아카데미 시상식이 되리라 믿는다. 2015년부터 5개국 이상으로 모여 수원 실내 체육관에서 실시하고자 노력하였으나 좀 더 구체적이고 계획적인 조직을 구성하는 차에 코로나로 인하여 잠정 연기되었다.

국제사랑의 아카데미 시상식을 강원도 원주에서 시작하고

자 준비 중에 있다. 인류구원을 위해 오신 예수 그리스도의 복음이 계속적으로 이어지도록 많은 관심과 협력을 바라며 기도하고 있다.

8
태권도 부흥사회

나는 어려서부터 부흥사의 꿈이 있었다. 부흥회에 다니면 아픈 환자가 낳음을 얻고 선한 삶을 살아가는 교인들을 보면 나도 꼭 교회에 다녀야 되겠다는 생각으로 때로는 비가 오나, 눈이 오나 교회를 다니기 시작을 하였다. 교회에 가면 여름 성경학교가 있어 빵도 먹고, 사탕도 먹고, 학용품도 주고, 인형극도 보고 외딴 집에서 생각할 수도 없는 것들을 모두 받고, 보고, 들으니 교회를 안 갈수가 없었다. 교회만큼 재미있고 흥미롭고 하고 싶은 것들이 많이 떠오른다. 교회 가는 것이 나의 최고의 기쁨이었다. 아이들과 놀아도 교회 가서 노는 것이 좋고, 교회를 가야 사람들이 살아갈 수 있다는 생각이 들었다.

그러한 환경으로 인하여 나는 이다음에 부흥사가 되어 5대양 6대륙을 다니며 부흥 선교사가 되겠다고 다짐을 해 본 적이 있다. 부흥사는 태권도 선교가 이 지역에 활발히 이루어질 때 부흥회를 통해 복음이 전파되어야 한다는 생각이 이러한 이유다. 태권도 선교는 주로 어린 아이들의 운동이 되었다. 어른들은 어린 아이들이 기합을 지르며 손과 발을 힘차게 뻗고 여러 명이 모여 함께 운동하는 모습에서 건강과 좋은 친구를 사귀고 자신감을 주며 인내심과 창의력을 키워 새로운 생각으로 두뇌가 발달하여 나이 들어 치매 예방에 도움이 되고 리더십을 발휘하여 건전한 국가 사회 발전에 이바지한다는 사실이다. 이들에게 예수 그리스도의 복음이 전파되려면 부흥회를 통하여 그들에게 새로운 메시지를 선포하고 결신자들에게 말씀을 체계적으로 가르쳐 마태복음 28장 19~20절 "그러므로 너희는 가서 모든 족속으로 제자를 삼아 아버지와 아들과 성령의 이름으로 세례를 주고 내가 너희에게 분부한 모든 것을 가르쳐 지키게 하라. 볼지어다 내가 세상 끝날까지 너희와 항상 함께 있으리라 하시니라"는 말씀에 사명을 다 하여야 될 줄로 생각을 한다.

국제사랑의 아카데미 부흥사회가 결성되면 1개나라 이상의 언어로 예수 그리스도의 복음을 전파할 수 있는 확실한 메시지가 필요하다. 이러한 일들을 위한 원로 목사님들의 부흥사회가 이루어지기를 10년전부터 기도하며 준비하고 있다. 국제사랑의 아카데미 부흥사의 형성은 대한민국 교회 목사님들의 사명인 줄 믿는다. 대한민국 사람들의 전 세계적인 분포와 태권도의 권위는 스포츠와 예술이라는 차원을 넘어 인류 복음화로 인한 세계 인류 평화의 계기가 되리라 생각을 한다. 태권도 부흥사회의 미래는 이 땅에 오실 예수 그리스도의 재림에 대한 우리의 복음적 사명이라 생각을 하며 우리나라에 국제사랑의 아카데미 부흥사회가 결성되기를 위하여 기도하고 있다.

9
태권도 숲 사랑

나는 아메리칸 인디언 마을에서 태권도 선교를 하며 꿈이 있었다. 척박한 사막인 이 땅에 숲을 조성하여 각종 새들과 동물들이 놀 수 있는 사랑의 숲을 만들어 이곳에 교회, 신학교, 병원 등 모든 사람들이 필요한 건물들을 세워서 이곳에 예수님이 이 땅에 오실 때까지 복음을 전파할 수 있는 선교센터를 세우고 싶은 마음이었다. 이러한 생각을 하며 인디언 태권도 선교를 하는 중에 나의 몸에 이상 신호가 와서 한국에 급히 오게 되었다. 모든 사람들의 만류에도 나의 처지는 아무말없이 나의 조국 대한민국으로 올 수 밖에 없었다.

인디언 마을을 다니며 쇠약해진 나의 육신을 더 이상 참기 어려운 시기에 말없이 돌아온 나의 조국 대한민국은 나에게 최상의 평안이라 할 수 있었다. 매일 기도하며 말씀을 상고하며 찬양의 하루하루를 보내며 나의 쇠약한 육신의 결과는 사람으로서는 절망할 수밖에 없는 상태였다. 국제사랑의 아카데미 태권도 선교사 훈련원을 세우고 폐교를 인수 한지 6일만에 나온 결과에 나는 묵묵히 내가 할 수 있는 일들을 정리하며 "인디언의 눈물" 책을 집필하고 병원에 다니는 일을 모두 멈추어 버렸다. 사람의 생사는 하나님께 달려 있다는 생각을 하며 병원에 의지하는 것보다는 하나님께 의지하는 편이 훨씬 유익이라는 나만의 답을 내린 상태였기에 어떤 상황이 닥칠지라도 나는 후회하지 않기로 결심하며 주어진 선교사 훈련원에 몰두하였다.

이러한 생활을 위하여 재정이 필요한 것만은 당연한 이치였기에 어쩔 수 없이 숲 사랑 회사에 입사하여 횡성군 산림감리를 하게 되었다. 그때에 나를 데리고 다니시는 문 선생님의 뼈같은 말씀과 이해로 처음에는 산 위를 조금도 올라갈수도 없어 무릎으로 기어 올라가고 내려오는 모진 삶이 시작되었다. 그러나 그만 둘 수도 없고 이를 악물고 문 선생님을 따라다니는 와중에 몸이 점점 좋아지기 시작하여 3개월 후에는 아무리 높은 산도 훌쩍 넘어 다닐 수 있도록 건강이

회복되어 나는 숲 사랑 대표 내외분과 문 선생님에게 감사의 마음을 잊지 않고 있다.

문 선생님을 따라다니며 아메리카 인디언 원주민 마을에 10만 그루의 아카시아 나무를 심어 마을을 형성하여 꿀을 따고 숲을 이루어 새가 깃들고 척박한 사막의 땅을 기름지게 하여 아카시아 꿀을 따서 재정을 만들어 아카시아 숲 사랑 마을에 교회와 학교와 체육관을 세우기 위하여 계획을 세우는 과정에서 코로나 전염병이 전 세계에 휩쓸어 정지하였으나 앞으로 계속적인 준비를 통하여 인디언 마을에 아카시아 숲 사랑 마을을 세우는 운동을 하고자 한다.

아카시아 나무를 10만평에 심는데 한인 200명 인디언 200명이 한 줄로 심어 나가면 6일이면 모두 심고, 3년이면 꽃이 펴서 꿀을 딸 수 있다고 한다. 이 일을 위하여 기독교는 한국 교회와 미주 한인교회 성도들이 200명이 참여하고 인디언 200명은 인디언 정부에서 참여하고 기술적인 일은 산림청 은퇴자 전문가인 문 선생님이 참여하고, 이 일의 설계 및 전문 리더는 대한민국 최초의 산림기술사 주식회사 숲 사랑에서 담당하기로 하며 이들의 주관은 국제사랑의 아카데미에서 주관하도록 하였다.

　10만 그루의 아카시아 꽃내음이 사막을 덮치고 벌꿀들이 꿀을 만들며 새들과 토끼 사슴들이 숲에서 뛰어 다니는 관광 명소로 "아리조나" 주 "그랜드 캐년" 주위에 세울 계획으로 있다. 이 프로그램이 이루어지는 숲 사랑 마을의 종소리를 기대해 본다.

10
196개국 국제사랑의 아카데미 본부

유엔에 가입된 나라의 숫자가 196개국에 이르는데 가끔 변화가 된다. 유엔에서 탈퇴하는 나라가 있기 때문이다. 나는 유엔에 가입되어 있는 나라를 중심으로 196개국을 기도의 대상으로 생각을 하며 기도운동에 돌입한지 10년이 훌쩍 넘어섰다.

대한 신학교 설립자이시며 평양 신학교 창설자이시고 대한민국 최초의 신학자이셨던 김치선 목사님께서는 대한 신학교를 세우시며 "이만 팔천 동네에 우물을 파라"는 슬로건을 내세우시고 대한 신학교 채플실에 굵은 붓으로 위에서 아래로 길게 써놓은 문구는 대한 신학교 출신은 누구나 아는 문구로 모두 사명의식을 가진다. 나는 대한 신학교를 다니면서 이 문구에 은혜를 받아 지금까지 이사야서 12장 말씀에 의지하여 선교의 말씀으로 구원의 우물을 파라고 부르짖는다. 김치선 목사님은 대한민국에 "이만 팔천 동네에 우물을 파라"고 하셨지만 나는 세계에 "이만 팔천 동네에 구원의 우물들을 파라"는 슬로건으로 선교의 불을 지피고 있다.

현재는 25개국에서 국제사랑의 아카데미 교육을 이수하였는데 코로나 전염병으로 인하여 몇 개의 나라는 연락조차 안되고 있는 실정이다. 2024년부터 국제사랑의 아카데미 196개국에 본부를 세우고 태권도 선교를 통한 교회 예배와 신학교와 체육관을 세워 나아갈 예정이다. 이를 위하여 먼저 6대륙 대표자를 세우고 각 나라의 대표를 세워 나아갈 예정으로 있다. 아시아, 유럽, 아프리카, 오세아니아, 남아메리카, 북아메리카 대표자는 원로 목사로서 10년 이상의 목회를 하신 분으로 능력이 있으신 목사님이 담당하기를 기도하고 있다.

196개의 나라는 원로 은퇴목사님들이 선교사로 임명되고 교회회원을 이루어 가는 아주 민주적이고 합리적인 조직을 구상하였다. 이를 위하여 196개국 복음화를 위하여 별도의 기도회원을 모집하고 합력하여 인류 복음화에 기여하자는 목적이 있다. 196개국의 기도운동은 각 나라의 본부 설립을 위한 성령운동으로서 교회가 참여할 수 있도록 조직화 하였다. 국제사랑의 아카데미 각 나라 본부는 아카데미 시상식 및 집회와 부흥사회 및 태권도 선교 시범단 관계의 핵심이 되어야 한다. 나라마다 세워지는 교회, 신학교, 태권도 선교 체육관 운영에 관하여 리더로서의 역할이 매우 중요하다. 국제사랑의 아카데미 각 나라 본부 건립은 미국에 법인을 두고 있으며 대한민국 강원도 횡성에 태권도 선교사 훈련원을 두고 있으며, 강원도 원주시에 대한민국 국제사랑의 아카데미 본부 및 태권도 선교 시범단 훈련센터가 있다.

196개 나라에 국제사랑의 아카데미 본부가 세워지면 하나님께서 말씀하시는 아름다운 일을 행하신 이를 세계 만국에 알리라고 하신 말씀에 순종하는 이 일을 주신 하나님께 감사와 영광을 돌리며 기대해 본다.

11
인류 복음화를 리드하는 대한민국 교회

이 지구에 인구는 81억이라고 한다. 이 많은 사람 가운데 저와 이 책을 읽고 선교에 참여하시는 분들은 하나님께서 특별한 인연을 주셨다고 생각을 한다. 예전부터 전하여지는 말에 옷깃을 스쳐도 인연이라 하셨는데 우리는 옷깃 정도가 아니라 하나님의 자녀로서의 인연이 된 것을 생각하며 축복이 되는 줄 믿고 있다. 우리의 인연이 하나님께서 주신 것임을 믿는다면 우리는 인류 복음화를 위하여 함께 동참하여야 되는 줄 믿는다.

출애굽기 26장 15절 "너는 조각목으로 성막을 위하여 널판을 만들어 세우되"에서 말씀하신 것 같이, 우리가 하나되는 일은 이스라엘 백성이 40년의 광야 생활에서도 아무 쓸데없다고 생각되어지는 조각목으로 기둥을 만들고, 대들보를 만들고, 제단을 만들고, 모든 것을 만들어 금으로 씌웠던 것 같이, 허물 많은 쓸데없는 조각목 같은 나를 금으로 덮으셔서 하나님의 제단에 쓰여지는 나의 모습을 생각하면, 조각목 같은 나를 하나님께서 사용하시고 천국의 소망을 가지고 살게 하시는 은혜가 나에게 남은 세월의 삶이 된다고 생각을 한다.

나 같은 사람을 하나님께서는 마지막 세대에 내가 쓰시겠다는 말씀에 나는 감격과 감동과 감사 속에 매일 아침 기도하는 선교사가 되었다. 이는 하나님께서 일하시고 계시다는 나의 확신이 있다. 인류 복음화를 위해서는 대한민국 교회 성도가 믿음으로 합심하여야 한다고 생각을 한다. 인류 복음화를 선도하는 대한민국 교회 성도 여러분들이 모두 되어야 한다고 생각을 한다. 인류 복음화를 위해서는 목사가 살아야 한다. 목사가 죽으면 절대로 인류 복음화에 기대할 수가 없다. 대한민국에는 교회가 한 건물에도 교단 별 상관없이 세워지고 신학교의 졸업생과 교단 목사 안수가 쉼 없이 이루어지고 있는 시대에 대한민국 교회 목사님들이 살아야 한다고 생각을 한다. 목사가 살면 교회가 산다. 목사가 살아야 교회가 살고 성도가 산다. 교회가 그리스도의 몸 되신 교회가 되어야 한다고 생각을 한다.

나는 어릴 때부터 알고 지내는 분이 있다. 이 분은 꼭 교회를 다녀야 하는 분이다. 지난 어느 날 나는 조심스레 이야기를 꺼냈다. 교회를 다니며 하나님의 말씀을 듣고 예수 그리스도를 믿어 보시면 어떨까요? 라고 묻는 순간 나에게 하는 말이 내가 교회를 무거운 짐을 가지고 갔다. 성경에 "수고하고 무거운 짐 진 자들아 다 내게 오라. 내가 너희를 쉬게 하리라"는 말씀에 교회를 찾아간 이 분의 이야기는 나의 심장을 멈추게 하였다. 내가 무거운 짐을 벗기 위해 교회를 갔더니 나올 때에 더 무거운 마음으로 나왔다는 이야기이다. 교회에 출석해서 왜 무거운 마음으로 나왔을까? 목사가 살아야 교회가 살고 교회가 살아야 성도가 살고 성도가 살아야 국민이 살고 국민이 살아야 나라가 산다. 인류 복음화를 리드하는 대한민국이 되기를 위하여 기도를 드린다.

12
사랑의 보안관 학교

어느 나라에 가든지 치안과 국가 안보를 위하여 경찰이나 군부대가 있다. 이들은 국가와 국민의 생명을 위하여 일하는 분들이다. 그러나 치안이 닿지 못하는 곳이 바로 학교 폭력이며, 가정 폭력이다. 학교 폭력 예방 및 근절에 관하여 사랑의 보안관 학교가 각 교회에 세워지면 좋겠다. 물론 관계되는 관공서와 협력하여야 하는데 이 교육을 국제사랑의 아카데미에서 실시하는 것이 좋겠다는 이야기를 하고 싶다.

더 이전에는 모르지만 학교 폭력은 내가 학교 입학하던 1960년도에도 있었다. 나이배기 학생이 활개를 치며 괜히 때리고 가방을 들고 가라고 하고 심부름 시키고 남의 참외밭에서 참외 따오라 하고 아주 못된 것을 어디서 배웠는지 폭력을 일삼는 아이들이 있었다. 내가 학교를 다닐 때에는 이 정도였지만 근래 학교 폭력은 상상을 초월하는 돈을 뺏고 조직 폭력배에 가담하며 도둑질을 하게하여 잘못하면 어려서부디 매를 맞아가며 학교생활을 하는 예가 있다. 멀쩡히 학교에 다니던 아이가 점점 학교생활에 게으름을 피고 무기력하고 자폐아이가 되는 경우도 있다.

내가 아는 분의 아이도 공부도 잘하고 괜찮은 아이인데 학교 생활하면서 자폐아이가 되어 40살이 되어 가는데 정상적인 생활을 못하고 있다. 그래도 나와는 친한 사이가 되어 만나면 목사님 안녕하세요. 하고 인사를 할 줄 아는 사이가 되었다. 그러나 자신감을 잃어 무엇이든 혼자 할 수 있는 것이 없어 부모도 어찌 할 수 없는 일이 되어 버렸다.

사랑의 보안관 학교의 필요성을 아메리칸 인디언 선교하면서 경험이 있기에 대한민국에 사랑의 보안관 아카데미를 개설하고자 하였으나 허가 사항이 없다는 이유로 좌절되었다. 이후 대한민국에 귀국하여 10년을 살면서 이제는 여러 가지 관공서의 일하는 스타일을 깨달아 허가사항을 요령있게 할 수 있을 것으로 생각을 한다.

사랑의 보안관 학교는 현대사회에 어린이들이 일찍이 태권도를 시작하여 어린 나이에도 3품, 4품 유품자들이 여러 명 있다는 이야기를 들었다. 각 반에 있는 유품자들을 사랑의 보안관 학교에서 전반기 5일, 후반기 5일을 교육하여 경찰서로부터 어린이 보안관 임명을 받아 우수 학생을 양성하고 리더쉽을 키워 장차 우리나라의 역군으로 성장시키며 이들의 교육을 통하여 반의 불량한 폭력 학생을 발굴하여 교회 목사님이나 학교 경찰에 정보를 제공함으로써 바르게 성장할 수 있도록 교육 프로그램으로, 혹시 가정 형편이 어려워서 점심을 가지고 못 오면 어린이 보안관은 도시락 2개를 가져와서 함께 사랑으로 교제할 수 있도록 하면 이들이 성장하면서 가정 폭력이나 사회폭력 예방 근절에도 많은 영향을 미치게 될 것으로 생각을 한다. 어린이 인구가 점점 줄어드는 시대에 어린이 성장 발달에 어린이 사랑의 보안관 아카데미가 꼭 필요한 프로그램이라고 생각을 한다. 사랑의 보안관 아카데미를 통해 건전하게 성장하여야 할 어린이들에게 도움이 되는 기대를 가져 본다.

제3부

세계를 향하여…

1. 대한민국

2. 몽골

3. 캄보디아

4. 캐나다

5. 미국

6. 멕시코

7. 필리핀

8. 팔레스타인

9. 파키스탄

10. 호주

11. 중국

12. 일본

13. 베트남

"보라 하나님은 나의 구원이시라 내가 신뢰하고
두려움이 없으리니 주 여호와는
나의 힘이시며 나의 노래시며
나의 구원이심이라
그러므로 너희가 기쁨으로 구원의
우물들에서 물을 길으리로다
그 날에 너희가 또 말하기를 여호와께 감사하라
그의 이름을 부르며 그의 행하심을 만국 중에
선포하며 그의 이름이 높다 하라
여호와를 찬송할 것은 극히 아름다운 일을
하셨음이니 이를 온 땅에 알게 할지어다
시온의 주민아 소리 높여 부르라
이스라엘의 거룩하신 이가 너희 중에서
크심이니라 할 것이니라."

(이사야 12장 2~6절)

1
대한민국

　대한민국 우리나라 부흥의 시대는 6.25 남북 전쟁이 끝나고 북쪽에서 신앙생활을 하던 많은 분들이 공산주의에서는 신앙생활이 어려워 남쪽으로 월남을 하여 대한민국에 기도의 성령 바람이 불기 시작했다.

　신학교들이 세워지고 교회들이 세워지기 시작하며 김치선 신학 박사님께서도 신의주에서 내려오셔서 서울 남대문 교회에 대한 신학교를 시작하신 계기가 "이만 팔천 동네에 우물을 파라"는 대한 신학도의 기도가 되었다.

　채플시간 때마다 "이만 팔천 동네에 우물을 파라"는 김치선 목사님의 기도를 온 신학생들은 목이 터져라 기도하였고,

그렇게 기도하는 대한 신학교 신학생들은 북한산에서 삼각산에서 "이만 팔천 동네에 우물을 파라"는 김치선 목사님의 기도를 목사님께서 하늘 나라에 가신 이후에도 계속 이어서 기도하였다.

대한 신학교를 졸업하면 어느 교단이고 다 신학교 졸업인정을 받을 만큼 실력도 있고 성경적 교리와 기도와 전도와 선교의 불이 시작되었다 생각을 한다. 대한 신학교는 이름이 "대한"이었다.

그런데, 언제부터 인지는 모르지만, "대한민국"이라는 말이 "한국"의 이름으로 부르기 시작을 하였다. 애국가에 "대한사람 대한으로 길이 보존 하세"라고 부르고 있지 않은가? 우리나라의 이름을 "한국"이라고 부르는 것이 좋을까? "대한민국"이라고 부르는 것이 좋을까? 나에게 어느 나라 사람이냐 물으면 "한국사람"이라고 하고, 어느 나라에서 왔냐 물으면 "대한민국"에서 왔다고 말을 한다. 이러한 말을 자주 사용하여야 하는 때가 입국 수속을 할 때 그렇고 비자 신청서를 낼 때도 그렇고 주로 외국 문서에 나의 신분을 적을 때 이러한 질문에 답을 해야 하는 경우가 많이 있다.

나는 아메리칸 인디언들에게 태권도 선교사로서 사역 할 때에도 인디언 부족의 마을을 다니며 이러한 나의 신분에 대해 이야기를 많이 했다. 그럴 때마다 나는 사람으로는 "한국 사람"이며 나라를 이야기하라 하면 "대한민국"이라고 말을 하면서도 나의 조국을 말할 때에 어떻게 표기하는 것이 맞는 것인지를 생각해 본 적이 많이 있다.

나는 대한민국 강원도 횡성군에 태권도 선교사 훈련원을 설립하여 10여년을 이어오는 중에 세계적인 코로나 여파로 인하여 3년을 멈추고 있다. 그래서 태권도 선교사 훈련원의 운영을 위해 상당한 어려움이 있었다. 처음 태권도 선교사 훈련원을 시작 할 때에는 대한민국 강원도라고 이곳의 주소를 알려 주었지만 년 수가 더 해 갈 때마다 남한이냐, 북한이냐 라고 묻는 사람도 있었다.

이후로 나는 "대한민국"의 주소를 사용하며 강원도 주소를 알려 줄 때에는 South Korea라고 확실히 이야기를 한다. 우리나라의 지역 표기도 전체적으로 검토해야 할 일이 아닌가 도 생각을 한다.

20여 년 전만 하여도 해외에 가서 우리나라 사람을 만나면 반갑고 우리나라 국기만 보아도 눈시울이 붉어지도록 애국정신과 민족적 정신이 강했다고 생각을 한다. 나는 예수 그리스도를 믿고 교회에 다니면서 선교사가 되기까지 꿈을 꾸며 밤에 자다 말고 일어나 기도한 때도 있고, 불쌍한 사람이라고 생각이 들면 내주머니의 돈을 다 털어주며 예수님을 믿으시고 건강하게 행복한 삶을 살라고 기도해주고 이렇게 사는 것도 모자라 결국은 선교사가 되고 말았다. 예수님의 십자가를 생각할 때마다 나의 마음에 감격과 감동과 감사로 예수 그리스도의 복음을 전하지 않으면 견딜 수 없는 나의 삶에 어쩔 수 없는 오지의 선교사가 되었다.

　나의 조국 대한민국 국민은 국가관과 민족관을 확실히 인식하기를 바라며, 나의 조국 대한민국에는 하나님의 사랑이 영원하기를 소망한다.

2
몽골

나는 어려서부터 몽골 사람들과 미국에 인디언들은 한국 사람들과 같은 동족이라고 생각을 하며 살게 된 동기는 자세히 기억할 수가 없지만 어쨌든지 그러한 마음을 어릴 때부터 알고 살았던 것 같다.

그래서인지 인디언을 처음 만났을 때에도 그렇게 낯설은 것 같지 않았고, 몽골 사람들을 만나도 그렇게 낯이 설지는 않았다. 아마도 대한민국 사람들 중에는 나와 같은 생각을 하는 사람들이 꽤 있을 것이라 생각을 한다.

내가 생각하기에 "아메리칸 인디언"들에게는 대한민국 국기(國技) 태권도가 보급되면서 예수 그리스도의 복음이 전파되기 시작했다고 보아도 틀림이 없을 것이라 생각을 한다. 내가 처음 몽골선교를 출발할 때에는 오로지 기도하기를 우리나라 사람들도 모두 몽골 사람들과 같은 민족이고, 선교사님들도 많이 파송되어 있고, 오래 전에 우리 나라에서 태권도 사범을 파송하여 태권도 보급이 시작 되었고, 우리나라 사람들이 3천여 명의 정도가 살고 있다 는 정보를 가지고 태권도 선교지를 파악하며 준비하고 출발한 터라 그리 어려운 일들은 겪지 않고 도착하였다.

몽골의 수도인 "울란바토르" 국립 고아원과 한인 선교사 사역 장소와 오지에서 살아가는 "몽골인"들 생활을 보며 우리 나라와 생활 방식이 너무 다른 것들을 체험하였다. 그러나 어디에 가도 태권도의 반응은 정말 대단하였으며 대한민국은 그들의 삶의 목표이고 가고 싶은 나라였다. '징기스칸' 동상에 올라가 끝이 보이지 않는 광야를 바라보며 나의 마음도 '징기스칸'과 같이 세계를 정복하고 싶은 마음이 들었다. 끝이 보이지 않는 광야를 멀리 바라보며 이러한 대지를 말을 타고 한없이 달려가고 또 달려 가면 어디가 나올까 하는 생각이 나의 머리에 꽉 차 있었다. 태권도 선교사 훈련을 받은 몽골 청년과 이야기를 하며 너는 이 다음에 지도자가 된다면 대한민국과 몽골을 통합하는 것이 좋겠다고 말을 건네자 예, 그렇게 하겠습니다. 하고 말을 이어가며 대한민국은 머리와 기술이 있고 몽골은 자원이 많이 있어 세계에서 제일 잘사는 나라로 성장할 수 있을 것이라 확신한다는 말에 몽골사람들도 대한민국 사람들의 뛰어난 기술을 인정하는 말을 듣고 나의 마음이 으쓱해 지기도 했다.

몽골 수도 "울란바토르"는 급속히 변화하여 지금 몽골의 "울란바토르를" 가면 한국에 있는 도시의 환경으로 모습이 변하여 가고 있었다. 자동차는 아직 일본의 "도요타" 자동차가 도로를 질주하는 것을 보면서 한국의 자동차를 수출하면 "몽골" 분위기는 한국인들의 도시같은 느낌을 더 가질 것이라 생각을 한다.

몽골사람과 대한민국 사람은 혈통이 같은 민족적 동질성을 가지고 협력하여 앞으로 경제발전을 이룬다면 3천여 명의 선교사들이 몽골에서 예수 그리스도의 복음을 전파한 영향력으로 인하여 후세에 좋은 결실의 시대가 오리라 믿고 감사를 한다.

3
캄보디아

　캄보디아 수도 "프놈펜"을 거쳐 "씨엠 립"에 태권도 선교여행을 하며 대한민국 교회 성도는 예수 그리스도의 복음을 전하여 준 미국 선교사님들에게 감사해야 한다는 생각이 제일 먼저 나의 마음에 사무쳤다.

　내가 어려서 가난하게 살아가는 동네 사람들에게 어린 시절이라 잘 기억은 없지만 먹을 것이 없어 굶주리는 사람들에게 강냉이 가루와 밀가루 분유를 제공하여 준 덕분과 선교사님들의 선교의 열정으로 병원과 학교 및 교회가 세워지며 문맹은 사라지고 경제적 도움으로 인하여 현재 세계 선진국 대열에 있다고 나는 생각을 한다.

내가 방문한 "씨엠 립"은 우리가 상상할 수 없는 가난의 최후라 생각한다. 몇 시간을 달려도 들판만 있는 캄보디아에는 조금만 비가와도 길이고 집이고 들판이고 온통 물바다가 되어 버리니 나무는 무성할지는 몰라도 채소와 농작물을 키울 수 없는 지역으로 생각이 든다.

　우리가 태권도 선교를 가던 곳은 "씨엠 립"이다. 세계적으로 불교의 성지 사원이 있다. 동네마다 화려한 우상을 설치한 것을 보고 많은 생각을 하게 되는데 내가 어찌 이 책 글에 그런 이야기들을 하겠나 생각을 한다. 대한민국 교회 성도는 선교사를 많이 파송하고 재정도 쓸 만큼만 보내고 보험을 가입하면 보험료를 불입해 주면 좋겠다는 생각을 한다. 그래서 마음 놓고 오지 선교지에서 선교를 하여 선교사들이 가는 곳마다 예수 믿고 구원받는 민족이 엄청 많아지면 좋겠다.

　"씨엠 립"에 도착하니 '뎅기열'과 '말라리아' 모기 때문에 신경을 많이 쓰는데, 눈에 보일까 말까 하는 모기에 물려 죽는다면 얼마나 허무할까 하는 생각이 들어 캄보디아 선교는 모기를 조심해야 한다고 생각을 한다. "씨엠 립" 사랑 교회에 태권도 선교를 다니며 갈 때마다 어린이와 어른들이

200명 이상이 모여서 예배를 드리고 찬양을 하고 태권도를 3부로 나누어 가르치는데 장소가 협소하여 아주 위험한 선교를 할 때도 있다. 나무기둥으로 집을 지어 사는데 아이들이 100명 이상이 한 번에 들어가면 원두막 집이 휘청거리며 무너질 듯하다. 현지 담임 목사님은 집이 무너지면 큰 사고가 난다고 빨리 나가라고 소리를 친다. 대한민국으로 돌아와 생각하면 너무 위험한 집회를 했다는 생각을 한다. 그러한 이유로 1km 떨어진 곳에 건물을 월세로 얻어 이사를 하였다. 시멘트로 되어 있는 건물이라 무너지는 일은 없지만 비좁아서 사람들이 모일 수가 없는 처지에 나의 아들이 하나님께 서원 드린 약속을 위해 교회 땅과 2층 건물을 매입하게 되었다. 아들이 돈을 가지고 가니까 아빠가 함께 가면 좋겠다는 이야기를 듣고 "씨엠 립" 사랑의 교회에 아들과 같이 갔다. "씨엠 립"에서 선교하시는 선교사님들을 만나고 여러 이야기를 청취했다. 해외에 나가 선교하는 나라들의 행정으로 인하여 때로 건물을 매입할 때 겪는 소유권에 대한 갈등이 있다는 이야기를 들은 바는 있다. 계약을 하루 앞둔 밤에 아들은 내게 아빠도 다니며 모든 이야기들을 다 들으셨을 테니 소유권에 대한 아빠 생각은 어떻게 하면 좋겠는지 묻기에 나는 네가 현명하니까 너의 생각에 동감이라고 이야기를 나누고 아침을 맞이했다.

 동네 이장 댁을 찾아가 등기를 하게 되었다. 모든 사람들의 의견은 외국 사람들은 캄보디아에 땅을 매입할 수 없으니 캄보디아 사람으로 이름을 하고 함께 아들 이름이 들어가야 한다는 종합적인 취지였으나 아들은 캄보디아 현지인 목사에게 등기명의를 하기로 하였다. 목사님과 아들과 나와 3명이 식사를 하며 아들은 캄보디아 목사에게 부탁의 확실한 이야기를 하는 말을 듣고 아들이 나보다 훨씬 사명이 있구나 하는 생각을 하며 나의 마음이 너무 좋았다.

 캄보디아 목사에게 사랑의 교회는 이제부터 목사님이 이끌어 가야할 교회이니까 모든 것을 목사님께서 알아서 하시는데 나는 목사님의 생활비와 80가구의 생활비를 교회로 보내는데 40가정으로 줄이고 앞으로 5년 동안 생활비를 보내 드릴 테니까 열심히 목회의 사명을 다 하시기를 바란다는 이야기로 마무리하고 캄보디아 "씨엠 립" 사랑의 교회를 떠나 "프놈펜" 호텔에서 마지막 밤을 보내고 돌아와 기도로 열심을 다 하고 있다.

가끔 주기적으로 페이스 북을 통해 보내오는 캄보디아 "씨엠 립" 사랑의 교회는 자리를 잡아가고 있는 듯 많은 사람들의 웃는 모습에 은혜와 사랑이 있다.

4
캐나다

　나는 이 세상에서 캐나다가 제일 살기 좋은 나라라고 생각을 한다. 미국에 살면서도 캐나다에서 살고 싶은 마음에 "노바스코티아" 주에 이민신청을 하려고 방법을 알아 본 적도 있었다. "노바스코티아" 주는 자연을 훼손시키는 개발을 제한하고 있기 때문에 이민 신청이 아주 까다롭다. 나는 "노바스코티아" 앞바다에 돌고래와 참치들이 활개를 치고 다니는 것을 바닷가 하얀 백사장 나무 그늘 아래서 바라보는 광경은 이 세상에서 제일 살기 좋은 곳이라는 말이 서슴없이 나올 수 있는 지역이라 생각을 한다. 나는 그 활개를 치고 다니는 참치를 잡아 한국과 일본에 수출을 하고 미역이 많아 미역을 따서 수출을 하고 가공하여 미역을 유통하는 기업을 세우고자 생각을 하였으나 자연을 해치는 이 사업을 승인할 이가 없었다. 그렇게 한 때에는 캐나다에서 살아 갈 꿈이 있었다.

북미 캐나다 "밴쿠버"에는 최익선 목사님께서 이미 먼저 인디언 태권도 선교를 하고 계셨다. "투왓산" 인디언 마을에 태권도 선교를 하며 이 척박한 인디언 마을에 최익선 목사님께서는 선교의 발을 옮기셔서 기도로 말씀으로 복음을 전파하신 흔적이 이 마을에 역력히 보였다.

이 마을은 비교적 습지대로 주로 곡물과 바닷가 생선과 조개류를 먹고 사는 사람들인데 평야를 이루고 있어 쉽게 마을을 찾아 갈 수 있는 마을도 아니었다. 나는 일행들과 함께 "투왓산" 원주민 마을에 도착하여 최익선 목사님의 선교 현장의 모습들을 바라보며 이 척박한 곳을 어떻게 알고 찾아오셨을까 하는 생각을 하였다. "투왓산" 교회에 들어서면서 마을 사람들이 옹기종기 모여들면서 교회 안이 꽉 찬 마을 주민들은 여자 성도들은 음식을 만들고 남자 분들은 몇 명이 모여 이야기를 나누는 모습이 꼭 대한민국 시골교회에 갔던 기분이 들면서 내 스스로 민족적 동질감을 가지며 그들에게 말씀을 전하였고 지금은 최익선 목사님은 하늘나라에 가셨지만

이 지역 복음화를 이어가실 분들이 여러분들이라며 합심하여 선을 이루라는 말씀을 전하면서 태권도를 가르치기 시작하였다.

어떤 아이는 도복을 입고 온 학생들도 있었으나 대부분의 어린이들은 평상시 옷차림으로 모였다. 여러 해외 선교사들의 공통된 이야기는 태권도 선교야 말로 예수 그리스도의 복음 전파하는 매개로 참 좋은 수단이 된다는 이야기를 들을 때마다 태권도 선교 훈련원의 필요성을 인식하며 "국제사랑의 아카데미" 태권도 선교사 훈련원을 세우는 계기에 더욱 박차를 가하게 되었다.

무리한 재정과 인력에도 하나님께서는 때에 따라 협력자를 보내 주시고, 때때로 동역자 여러분들을 보내 주셔서 196개국 "국제사랑의 아카데미" 태권도선교사역에 활력이 된 것에 이 글로 대신하여 감사의 말씀을 드린다.

5
미국

　1980년도 초에 미국을 여행하려면 문화공보부 여권과에서 여권을 받아야 하는데 필수 과목이 반공 교육을 이수해야 했다. 그리고 확실한 여행 목적이 있어야 했으며 설령 있다고 해도 한번 다녀오는 단수 여권이었고 특별한 경우만 5년 복수 여권을 만들 수 있을 때였다.

　당시는 "대한항공" 비행기나 "노스웨스트항공" 비행기를 타고 다니려면 대부분 하와이 "호놀룰루" 공항을 거쳐서 "로스앤젤레스"에 도착하는데 공항에 도착하여 밖으로 나가면 왼쪽으로 '맥도널드' 햄버거 가게가 있었다. 나는 도착하면 '맥도널드'에서 빅맥 햄버거를 먹는다. 처음 미국을 다니며 맛들인 '맥도널드'의 햄버거는 지금도 잊지 못할 햄버거로, 지금도 가끔 '맥도널드' 햄버거를 먹는다.

사람이 마음에 닿는 일이 생기면 늘 마음에서 그리워하고 다시 그 기회를 생각하게 되는 것 같다. 나는 어린 시절 서부 영화에서 인디언들이 말을 타고 다니면서 소리를 내고 우리나라 김치를 보관하는 김치 독을 두는 김치 광 같은 인디언 집에 불을 지르는 영화의 장면들이 지금도 기억에 있다. 인디언 사막 마을에 말을 타고 긴 총을 말 등에 두고 권총을 양 옆구리에 차고 휘파람을 부는 것이 내게는 너무 멋있어서 황야의 무법자 휘파람을 나도 모르게 배웠다. 내가 휘파람을 불며 인디언 마을을 들어 갈 때에는 서부 영화의 한 장면같이 생각이 들 때도 있다. 그렇게 살면서 나의 70년 인생을 뒤돌아보니 나는 어려서부터 미국의 영향을 많이 받은 것 같다. 그래서 나는 태권도 인디언 선교를 시작하였다고 생각을 한다.

감리교의 창시자 '존 웨슬리' 목사님은 하루에 70마일을 말을 타고 인디언 선교를 하셨다고 하시지만 실패했다고 책에 기록되어 있다. '존 웨슬리' 목사님의 겸손하신 말씀이라고 생각을 한다. '존 웨슬리' 목사님은 기도와 복음의 열정으로 선교의 길을 여신 분이라 생각을 한다. 그러한 이유로 나를 제2의 '존 웨슬리' 목사로 부르는 목사들도 있다. 나는 이루 말로 다할 수 없는 여건으로 인디언 선교를 해야만 하였다.

이 어려운 여건이 아니었다면 인디언 태권도 선교사가 될 수 없었을 것으로 생각을 한다. 하나님께서 인도해 주신 은혜에 감사를 드린다. 아무리 어려워도 주기철 목사님 같이, 성경에 '욥' 만큼 어려움이 있을까? 나는 예수님의 십자가를 바라보며 하나님의 은혜로 나의 일생에 제일 멋진 삶을 살았다고 자부한다. 나는 '웨슬리' 목사님이나 '언더우드' 목사님도 많은 어려운 여건에서도 믿음으로 사명을 감당하셨다고 나는 믿는다.

지금 이 시각에도 목사로, 선교사로 사명을 다하시는 분들의 사역 위에 하나님의 은혜의 사랑과 위로가 함께 하시기를 기도를 드린다. 제2의 '웨슬리' 목사로 이름을 불러 주신 미국 감리교 목사님들 그리고 한인교회 목사님들과 기도와 물질로 협력하여 주신 많은 성도들에게 깊은 감사의 말을 드린다.

6
멕시코

　나는 1989년도에 멕시코 국경도시인 "티후아나"를 거쳐 "엔시나드"에 가본 적이 있다.

　바닷가에 붙어있는 호텔에 묵으며 태평양 바다를 바라보고 대한민국 고국의 향수를 그려본 적도 있다. 출렁거리는 파도 소리는 강릉 경포대에 와 있는 기분이었고 따가운 햇볕은 한여름의 바닷가처럼 느끼며 밤하늘의 별들도 대한민국의 밤하늘의 아름다움으로 느낀 추억을 지금까지 기억하고 있다. 태권도 선교를 위하여 먼 거리를 운전하며 도착하여 이렇게 휴식을 취하노라면 이런 저런 생각이 드는 것은 정한 이치이다.

내일부터 시작되는 멕시코 원주민들의 선교에 어떻게 내가 복음을 전파하여야 예수 그리스도의 말씀이 그들의 심령에 믿음으로 은혜가 될지 위하여 기도로 마음으로 열심히 준비하는 나의 마음이 더욱이 나를 새롭게 된다. 이러한 체험이 매일 일어난다면 얼마나 좋을까? 열심히 준비하고 시작을 해도 미숙한 일들이 일어나면 짜증도 나고 그 짜증을 믿음으로 새겨야 하고 옆에서 엉뚱한 일을 저지르거나 고집을 부리면 그 일들이 더욱 힘들고 어려울 때가 있다.

때로는 함께 선교에 동참한 분들이 자기가 맡은 일을 빈틈없이 잘 하려고 하다 보면 옆에 있는 분들과 언쟁이 일어나고, 어떤 분은 "목사님 나는 다시는 안 옵니다." 해도, 이래저래도 모든 일을 새겨야 하는 나는 쓸개를 빼놓고 선교를 가야 한다. 쓸개를 빼고 가면 또 한쪽 사람들은 목사님은 쓸개도 없느냐고 마음을 상하게 하는 일이 있기에 선교 여행을 하려면 미리 예행연습을 하고 출발하는 것이 좋다.

오늘날 나는 결혼식을 거행할 때 미리 예행연습을 하는 경우를 여러 번 본적이 있다. 하늘나라 가는 예행연습이 생긴다면 얼마나 많은 사람들이 예행연습을 하고 예수를 믿을까 엉

뚱한 생각을 한다.

 그런데 우리나라를 비롯하여 세계의 살기 좋은 부강한 나라들이 인구가 줄어들면서 독신주의나 자식을 원하지 않는 인구가 점점 늘어 간다는 이야기는 참으로 심각한 현대 문제이다. 멕시코인들 결혼주례를 맡아 해보니 화려한 결혼식을 한다. 때로는 빚을 내가면서 결혼식을 한다고들 한다. 그러므로 멕시코인은 아이들을 많이 낳는다. 우리나라도 결혼식 자금 융자를 많이 해주면 좋겠다고 생각을 한다. 융자로 결혼식을 하면 본전을 뽑으려고 아이를 많이 낳는 것이 아닐까 생각하며 한번 웃어 본다.

 멕시코 선교지에 가면 어른은 별로 없고 아이들만 많이 모인다. 우리나라 신혼부부들 신혼여행은 아이를 많이 낳는 나라로 가면 좋을 것 같다. 또 대학시절 수학여행도 아이 많이 낳는 나라로 가면 좋을 듯싶다. 그래서 화려한 결혼예식 후에 아이들을 많이 낳아 잘 키우기 바란다. 그리고 할렐루야 태권도 수련을 시키고 선교와 교회예배를 위한 전통이 바로 세워지기를 기대해 본다.

7
필리핀

　태권도 필리핀 선교를 위하여 권오정 목사 내외와 오랫동안 준비를 하며 선교 여행길에 올랐다. 권오정 목사는 예전에 감리교 장로로 봉사하며 교회와 가정에 충실한 장로이셨다. 하나님의 은혜로 나와의 인연을 통하게 된 참으로 좋으신 목사님이라고 생각을 하며 친 동생처럼 아끼며 지내는 사이가 되었다. 특별히 먹을 것이 있으면 홍천에서 삼마치 고개를 넘어 맛있는 음식을 나누어 먹는 목사이시다. 잘 되던 사업이 화재로 인하여 어려운 처지에 교통사고가 크게 일어나 내외분이 병원에 입원을 1년 동안 입원하였다고 하면서 하나님의 부르심으로 믿고 신학교에 입학하여 장로교 목사가 되셨다. 권오정 목사께서는 마음이 통하는 분들에게는 참 의리를 지키시는 분이시다.

나는 권목사님의 주선으로 필리핀 태권도 선교 여행을 갔다. 필리핀 한인선교 목사 내외분은 예배당과 숙소를 겸하여 사역을 하고 계셨다. 대한민국에 넓은 집을 비우고 오지 마을에 선교를 위하여 그 수고하는 모습을 보면서 나는 감동을 받았다. 우리는 조그마한 방에서 잠을 자는데 모기가 많아 그 더운 여름에 이불을 덮어써야 하고 별안간 쏟아지는 비에 물이 줄줄 새는 집은 참으로 기억에 남는 필리핀 선교 여행이었다.

현지 선교사는 다음날 우리나라로 보면 면사무소 같은데서 태권도를 가르치며 복음을 전파하여야 겠다고 한다. 아이들이 모이면 몇 명이나 모이는지 물어보니까 약 50명 정도가 오는데 점심 값이 필요 하다고 해서 오가는 교통편과 먹을 음식을 위하여 돈을 지불하고 비좁은 교통편 오토바이에 몸을 싣고 한 참을 가서 태권도 선교 준비를 하였다.

어린이 100명 정도가 모였다. 광고를 태권도 배우러 오면 점심도 먹을 수 있다고 하여 아이들이 모였는데, 밥은 50명분이고 모이는 장소도 50명 크기에 야외 장소인데 날은 뜨겁고 벌레는 많고 오전반을 끝내고 점심을 나누어 주어야 하는데 점심식사가 50명 분 밖에 없으니 선교지에서 큰일이 일어났다. 성경에 나오는 예수님의 "오병이어"의 기적이 일어나야 하는데, 모두 먹고도 광주리에 차고 넘쳐야 하는데, 나는 믿음이 부족한 탓으로 50여 명을 돌려보내야 했다. 나도 자식을 키워보았지만 어린아이들이 먹을 것이 없어 굶겨서 돌려보내는 마음이 어떻겠습니까?

이후에 나는 다시 가서 충분히 먹을 수 있도록 점심을 준비할 마음으로 있다.

그 어린 아이들이 점심 한 끼의 식사를 못하고 돌아가는 모습이 나의 마음을 울리고 있다. 나의 믿음을 돌이켜 본다. 이후로 코로나 전염병 사태로 이 어린이들이 먹을 것도 못 먹고 잘 살아 있는지 궁금하여 내년에 꼭 태권도 선교팀과 선교여행을 계획하고 있다. 그렇게 울적한 마음으로 숙소에 돌아오니, 숙소에 남겨 두었던 나의 주머니의 얼마 안 되는 돈이 모두 없어졌다. 1달러도 없이 나의 소지품을 탈탈 털어간 것이다. 지금도 후회하기를 그때 그 모든 돈으로 어린 아이들에게 식사를 대접하였더라면 얼마나 좋았을까! 나는 필리핀 어린이들과의 약속을 위하여 내년을 기다린다.

8
팔레스타인

 예수님께서 이땅에 태어나신 곳이 "팔레스타인" 지역 "나사렛" 마을이라고 성경에서는 말하고 있다. 성경에서 이야기하는 말씀을 읽다 생각하면 지역이름이 나올 때마다 이러한 마을들이 지금도 있나 생각을 하게 된다.

 나는 "팔레스타인"으로 태권도 선교여행을 떠날 기회가 있어 "이스라엘"을 거쳐 "팔레스타인" 지역 "나사렛" 마을에서 숙박을 하고, 선교는 "가자 지구"에서 그리 멀지 않은 곳의 유치원 어린이들과 어른들에게 태권도 선교를 하였다. 따가운 햇볕이 내리쬐는 야외에서 태권도를 가르쳐야 하는데 선교사, 목사, 기도, 성경 이야기를 하면 참수 당할 수도 있으니 절대로 해서는 안된다는 이야기를 들을 때에는 내 목이 달아나는 느낌을 가져보기도 하였다.

나는 팔레스타인 현지인들에게 태권도는 태권도 잘하는 사람에게 배워야지 나는 목사이고 선교사인데 나에게 태권도를 가르쳐 달라고 하면 어떡하느냐고 반문을 하며 복음을 전하지 못할 바에는 귀국을 하려고 했다. 목사의 신분을 표현하지마라 하면 내가 여기 무엇을 하러 와야 했나 하는 생각을 하게 되었다. 나는 대한민국으로 돌아가겠다는 이야기를 하며 빨리 공항으로 데려다 줄 것을 당부하고 나는 세계 태권도본부 국기원에 문자를 넣어 팔레스타인 태권도 연맹회장 연락처를 보내 달라 하였다.

팔레스타인 태권도 협회장과 사무총장, 이사 등 모두 5명이 나를 찾아왔다. 나는 그들과 인사를 나누며 내가 6일 동안 이곳에 머물러 태권도를 가르쳐야 하는데 나의 신분이 선교사로 이곳에 왔는데 성경이나 찬송이나 기도를 하지 말고 목사, 선교사라 하지 말고 태권도만 가르치라 해서 내가 돌아가야 할 마음으로 있으니 회장단이 이곳에 태권도를 가르치면 좋겠다고 말을 하였다.

그런데 내가 하는 것이 좋으면, 태권도협회장단이 여기서 나와 함께 있어주면 좋겠다고 의견을 내어 매일 함께 있었다. 그러나 그들은 잘못하면 참수를 당할 수 있으니 가급적 선교에 대한 이야기들은 피해달라는 것이다. 며칠 동안을 회장단과 함께 태권도를 가르치고 마지막 날 저녁 6시에 발표회에 시 관계자를 비롯하여 학부모 학생들 모두 300여 명이 모여 태권도선교발표회 행사를 하였다.

나는 잠언에 말씀하시는 "여호와를 경외하는 것이 시식의 근본이라!"(잠언 1장7절)하는 말씀으로 나는 대한민국 사람으로서 미국에 거주하고 있으며 아메리카 원주민 태권도 선교사로 일을 하고 있다. 미국에 사는 어린이들은 시간이 되면 운동이나 여행을 많이 한다. 한국 어린이들은 열심히 공부를 많이 한다. 그러나 아메리칸 인디언 원주민들은 시간만 되면 텔레비전을 시청하거나 잠을 자기를 좋아한다. 내가 이곳에 와서 보고, 느낀 것은 어린이들이 헹가레치고 의자를 팽개치고 부수고 발로 차고 하는 것을 여러 번 목격을 했는데 이 지역 어린이들이 이렇게 자라서 성인이 된다면 정서적으로 어떻게 팔레스타인 앞날을 기대하겠는가? 나는 오늘 여러분들에게 "여호와를 경외하는 것이 지식의 근본"이 되기를 간절히 바라며, 이 지역은 예수님께서 태어나신 곳인데 예수님 믿고 사는 나라들은 나라도 잘살고 국민도 잘 사는 것을 보면서, 예수님 태어난 이 나라 사람들은 예수님만 믿으면 되는데, 왜 예수님 안 믿는지 모르겠다며 이야기를 마무리했다. 이 자리에 참석했던 시장은 나보고 여기서 살면 좋겠다는 감사의 말을 하고 헤어졌다.

저녁시간에는 "이스라엘" 영사와 대한항공 지사장과 한인 몇 분이 저녁식사를 하게 되었다. 나의 옆자리에 대한항공 지사장이 앉아 있었다. 나는 내일 귀국하고 싶은데 비행기 항공권을 변경해 달라 청하여 다음날 귀국길에 올랐다.

나에게 태권도 선교를 마쳤으니 성지순례를 하고서 귀국하라는 권유에 나는 이곳에 태권도 선교 차 왔으니 성지순례는 다음에 정식으로 하기로 하고 이대로 귀국하고 싶다는 말하였더니 거의 모든 분들이 선교 차 와서 성지순례를 하고 돌아가는데 박 목사님 같은 분은 처음이라는 말에 내가 성지순례를 다니면 나는 태권도 선교사로 팔레스타인 선교를 위하여 기도해 주시는 후원자님들의 예의가 아님을 생각하며 다음 날 귀국길에 올랐다.
　성지 순례는 언제쯤 할 수 있을까? …

9
파키스탄

내가 여러 나라 사람들을 보면 이 지구 땅에는 사람들의 취향이 다양한데 똑 같은 사람은 한명도 없는 것 같다.

쌍둥이도 똑 같을 것 같지만 나의 생각으로는 같은 것 같지만 확실히 다른 면이 있다고 생각을 한다.

파키스탄 출신 '아라 판' 선교사가 강원도 횡성군에 위치한 국제사랑의 아카데미 태권도 선교사 훈련원에 입소했을 때에는 11월이었는데 인천 공항에서 이곳에 도착하자마자 부들부들 떨면서 본인은 추워서 도저히 이곳에서 죽을 것 같으니 나를 빨리 병원에 입원시켜 달라고 펄쩍펄쩍 뛰는데 추워서 병원에 입원하는 경우도 있을까 하는 생각으로 방안에 보일러를 틀고 전기난로를 키고 따뜻한 가죽옷을 입히고 이불을 몇 개 덮어도 계속 춥다고 야단을 하는데 어찌할 도리가 없어 나는 '아라 판' 선교사에게 하나님께 부르짖으며 기도하면 불 속에서도 고드름이 얼기도 한다고, "이스라엘" 백성을 40년 광야생활에서 밤에는 불기둥으로 낮에는 구름기둥으로 인도하시는 전능하신 하나님께 기도만 하면 모든 것을 평강으로 인도하여 주시리라는 믿음으로 '아라판' 선교회와 함께 기도하기를 시작하였다.

그러나 '아라 판' 목사는 부들부들 떨리는 목소리로 나는 더 이상 견디기가 어려우니 병원에 입원시켜 달라는 '아라 판' 목사를 향하여 그러면 나는 이곳에서는 더 이상 '아라 판' 선교사님에게 따뜻하게 해 줄 수가 없으니 땀을 흘리며 하나님께 죽을 각오로 기도를 하든지 그러한 믿음이 없으면 내일 공항으로 데려다 줄테니 파키스탄으로 돌아가라고 말하여 주었다. 다른 나라에서 훈련 차 오신 분들도 '아라 판' 목사에게 "파키스탄"으로 돌아가기를 권면하였다. 그러나 그는 여기에서 훈련을 받겠다며 기도로 몸부림치며 '아라 판' 선교 목사는 울부짖었다. 주님께서 사랑하시는 은혜를 '아라 판' 목사는 깨닫고 감사의 눈물로 서원하며 태권도 선교사 훈련에도 참여하지 아니하며 며칠을 기도하더니 추워서 죽겠다고 병원에 입원시켜 달라는 '아라판' 선교목사는 열심히 다른 분들과 함께 선교사 훈련을 받겠다고 눈시울을 적시며 내게 이야기를 하였다. 그 모습이 나에게 지금도 감격의 은혜가 된다.

선교사 훈련원에는 시설이 완비되어 있는 곳도 아닌 부족하기 이를 데 없는데, '아라판' 목사님 행동은 여기 훈련원에 들어와 훈련에 참여하는 다른 나라 선교사분들에게 감동적이었다. '아라 판' 목사의 순간순간 이어지는 기도는 이곳에 모인이들의 감격으로 이어지며 태권도 수련시간 이외의 생활은 그 추운 겨울에 불같은 성령님의 역사로 은혜가 더없는 뜨거운 선교사훈련이었다.

파키스탄 나라에도 예수 그리스도의 복음이 전파되기 위한 열정이 영원하기를 기대해 본다.

10
호 주

　미국에서 캐나다를 거쳐 나의 조국 대한민국에 귀국하여 호주 태권도선교를 위해 기도로 준비하던 중 윤보환 목사 소개로 "시드니"를 방문하는 기회가 주어졌다.

　대한항공에 몸을 싣고 호주의 "시드니"를 향하는 나의 마음에는 "시드니" 대학에 태권도 선교학과를 설립 하여 국제 사랑의 아카데미 선교사 훈련원 과정에 교환학생 프로그램이 있으면 좋겠다는 기도와 함께 호주로 향하는 나의 마음은 온갖 계획으로 머리가 꽉 차 있었다.

　"시드니" 공항에 도착하여 윤 목사를 만나 이야기를 하며 윤 목사께서 "시드니"에서 교회와 신학교를 운영하고 계시다는 이야기를 들으니 "여호와 이레" 하나님께서 미리 준비하셨다는 생각을 하게 되었다.

다음날 우리는 "시드니" 대학을 비롯하여 바닷가를 거닐며 긴 나무로 만든 악기를 가지고 여기, 저기서 불어대는 소리를 듣는데 시끄럽지만 싫지는 않다는 생각이 들었다. 이곳 저곳을 다니며 저녁 시간에는 한인들이 주로 사업을 하고 있는 지역을 찾아 갔을 때 대한민국에 있는 느낌을 받을 정도로 한인들의 사업이 활발하게 움직이고 있었다는 느낌을 받았다.

이렇게 하루를 지내며 다음 날부터 신학교 학생들에게 태권도 선교의 필요성에 대하여 이론을 가르쳤다. 태권도 이론을 마친 뒤에 넓지 않은 공간 벽에 대한민국 태극기와 호주 국기 그리고 "국기원" 기를 걸고 태권도를 지도하기 시작하였다. 이날 모인 수련생들에게 태권도는 발로 차는 것과 주먹 지르는 수련인데, 이것은 어머니 뱃속에서부터 시작한다고 설명을 하였다. 태어나자마자 어린 갓난 아이는 누워서 발로 차고, 주먹을 쥐고, 주먹 지르기 하는 것이 운동이라고 생각을 하는데, 사람이 평생을 이렇게 운동을 하여야 120년을 살 수 있다고 나는 가르쳤다.

그런데 장수를 못하는 이유가 한 돌만 지나면 이 운동을 안 함으로 장수하지 못한다고 설명을 하였다. 이 운동의 이름은 '셈'의 후손인 대한민국 사람들이 태권도라는 이름으로 명하여 가르치고 있다. 어느 나라에 가도 태권도 도장에는 대한민국 국기를 걸어놓는 이유가 태권도는 대한민국 국기(國技) 태권도이기 때문이라고 설명을 할때 한국인으로서의 긍지와 대한민국의 우수성을 나타낸다고 설명을 하였다.

윤 목사와 태권도 선교의 비전을 가지고 협력하기로 서로 의논하며 한인교회와 신학생들의 강의를 통하여 태권도 선교의 비전을 나누며 호주의 "시드니"에서 태권도 선교를 시작을 하게 되었다.

태권도 선교의 비전을 나누었던 윤 목사님은 "시드니" 신학교를 운영하며 호주 한인 및 한국 신학생들을 위한 프로그램을 시작하였고 호주 원주민 마을에 태권도 선교를 준비하였다. 이후 "시드니" 동남아 태권도 선교는 국제 사랑의 아카데미를 통하여 태권도 선교의 길이 열리고 이로 인해, 호주 "시드니"에 국제사랑의 아카데미 호주 본부를 세워서 동남아 지역에 복음의 터를 닦는 일에 협력하기로 하였다.

  국제사랑의 아카데미 호주 본부의 역할에 협력하며 예수 그리스도의 복음의 열정 가운데 초대교회의 성령의 바람이 일어나기를 간절히 기도를 드린다.

11
중국

　국제사랑의 아카데미 태권도 선교사 훈련을 실시하는 가운데, 동북아시아의 태권도 선교사들 38명이 강원도 횡성군에서 훈련이 실시하였다. 무척 추운 겨울에 실시되었던 태권도 수련 과정에서 하나님 은혜로 무사히 마치게 되었는데 지금도 당시의 긴장의 순간을 잊지 못하고 있다. 25세 전후 젊은 청년들이 이곳에 와서 훈련을 받는 과정에 여러 강사님 들의 직접적인 참여에 체계적인 강의를 더 할 수 있었던 것에 감사를 드린다.

　태권도 선교사 훈련 과목은 태권도, 한국어, 성경, 문화사, 선교학 새마을운동 등으로 구분이 되어있다. 이러한 과목을 배정해야 하는데 관계 되어있는 목사님들은 각자의 프로그램을 가지고 강의 시간을 요청하다 보면 12주의 강의에 강사나 학생이나 스탭들이 밤잠을 설치는 경우도 있다. 선교사 훈련원의 특강은 적절한 시간을 배당하여 더욱 더 은혜로운 강의가 되었다.

한 나라에서 여러 명이 수련을 하면 통역관이 필요 하지만 각 나라에서 2명씩 오게면 통역을 나라별로 할 수 없어서 어쩔수 없어 20개의 한국어를 가르치면 모두가 한국어로 말을 소통할 수 있다. 그런데 중국 한나라에서 통역관을 준비하여야 하는데 통역관을 구할 수가 없어 어려움을 겪기도 했다. 내가 한문을 써서 이야기하지만 젊은 수련생들의 반응은 오히려 태권도 수련의 방해 요소가 되는 경우가 있다. 날씨는 50년 만에 강추위라며 방송에서 동파에 대비하라 하고 서울에서 과일을 가지고 와서 쌓아둔 것이 모두 얼어, 먹기가 어려운 지경에 처했고, 나는 이러한 때에 지하수 물이나 배관에 문제가 생기면 40여 명이 넘는 모든 인원이 어디로 가며 그 많은 비용을 어떻게 감당해야 하는지에 대한 대비가 여간 긴장이 아니었다.

다행히 추운지방에서 훈련에 참여한 사람들은 추위에 잘 적응하기 때문에 별 어려움은 없다. 이 곳에서 훈련원 운영을 하며 겪은 것은 더운 지역 나라에서 오는 사람들은 여름에 훈련을 하여야 하고, 추운 지방에서 오는 사람들의 훈련은 겨울에 해야 그래도 적응하는데 어려움이 없다.

이 그룹 역시 중국전역에서 온 사람들이기 때문에 이런 추위에서 겪는 추위는 잘 견디지만 강사나 봉사단원들이 강추위에 사명을 감당하는 모습을 보며 하나님께서 주시는 은혜의 사명이라 생각을 하고 감사의 기도를 드렸다. 이 훈련을 통하여 전반기 수련생들은 더운 지방 나라에서 오도록 접수를 받고, 후반기에는 추운 지역 나라에서 오도록 하며, 비행기 요금만 본인이 부담하고 대한민국 도착지부터 차량과 도복과 양말, 내복 및 일체의 교육비를 내가 부담을 하고 있다. 많은 분들이 교육비를 받아야 한다고 이야기를 하지만 교육비를 받으면 그때부터 수련생들이 불평불만이 생기게 되어 교육비를 무료로 하여야 수련생들의 불만의 요소를 없애고 태권도 선교사 훈련을 할 수 있다.

나는 이곳, 국제사랑의 아카데미가 예수님 이 땅에 오실때까지 예수 그리스도 복음을 전파하기 위한 태권도 선교 훈련원으로 세워지기를 서원한다.

12
일 본

 1980년대 초반에는 주로 대한민국에서 해외를 여행하려면 "대한항공" 비행기가 아주 편리했던 반면에 가격이 조금 비싸 나는 보통 "노스웨스트 항공"을 이용하여 미주 여행을 다녔다. "노스웨스트 항공"은 "김포공항"에서 출발하면 꼭 일본 "나리타공항"에서 미주 지역으로 가는 비행기를 갈아타야 했다.

 이때 일본을 방문하며 동경에 있는 호텔에 머물게 되는 경우 여러 관광지역을 다니며 우리나라와 일본의 차이가 무엇이며, 40년씩이나 뒤지고 있는 이유가 무엇인지를 탐구하려 일본을 경유 한때가 많이 있었다. 일본에서 보통 라면을 식사대용으로 당시 3백엔을 주고 먹는데 나의 생각으로는 얼마나 비싼지 일본에서 물건을 사고 싶어도 살 수가 없었다. 전기면도기 하나 사려고해도 너무 비싸다는 생각을 하면서 나는 40년이나 뒤졌다는 대한민국의 경제는 10년이면 우리나라가 따라갈 것이라 생각을 하였다. 모든 물가가 비싸면 다른 나라에서 어떻게 일본의 물건들을 구입할까 하는 생각에서였다.

우리나라는 급속적인 경제 성장과 아울러 의류업계가 세계를 제패하고 "뉴욕 맨하튼" 백화점에 가면 최고의 품위와 브랜드를 자랑하던 때인지라, 전자제품이나 자동차 등 모든 면에서 일본을 따라잡기는 멀지 않았다는 생각을 하게 되었다.

그후 나는 미국에 살다 보니 모든 면에서 한국 물품이 앞서고 있는데 자동차만큼은 일본의 자동차 토요타 캠리에 비하여 현대 소나타가 훨씬 못 미친다는 것을 알았다. 소나타를 타고 "캘리포니아"에서 "애리조나" 주를 거쳐 "뉴멕시코" 주까지 가려면 하루 반나절이 걸리는 거리다. 확실히 엔진소리가 달라지는데, 토요타 캠리는 40만 마일을 타도 엔진소리가 부드러웠다. 그러나 근래에 대한민국의 현대 자동차가 토요타 자동차를 어느 정도 시장에서는 앞서간다는 소식을 언론을 통해 들을 때 대한민국 사람으로 반가운 소리다.

일본에 선교 차 살고 있는 선교사님들의 이야기를 들으면 일본에서의 선교 활동이 아주 힘들고 어렵다는 이야기를 누구나 할 것 없이 말하는 이야기를 자주 듣는다. 나라가 부강해지면서 생활수준이 높아지고 문화와 여가 활동이 많아져서 교회에 출석하여 예배를 드리고 예수 그리스도의 복음을 받아들이기가 매우 어렵다고 한다.

그러므로 우리나라 교회 성도들도 좀 더 발전적인 변화와 고차원적인 교회 전도방법이 꾸준히 개발되어 교회 부흥이 이루어지고, 건전하며 순수한 교회 전도활동과 신앙생활이 되어야 된다고 생각을 한다.

일본을 앞섰다는 대한민국은 이제부터 일본에 선교의 횃불을 밝혀 과거를 넘어 미래 지향적인 관계 개선이 이루어져야 한다고 생각을 한다.

13
베트남

　태권도 선교사 훈련원을 개강하며 나는 아메리칸 인디언들에게 훈련할 것을 계획하던 중 베트남에서 태권도 선교사 훈련을 받고자 우리 강원도 횡성군 국제사랑의 아카데미 태권도 선교사 훈련원을 방문하였다. "호치민" 태권도 협회 회장단 일행들이 MOU를 맺으려 태권도 선교 훈련원을 방문한 것이다. 참으로 좋은 인상을 받으며 돌아간 베트남의 "호치민" 태권도 협회임원들의 협력에 감사를 보낸다.

　나는 미국에서 아메리칸 인디언 선교를 할 때 교회에서 "멕시칸"들을 위하여 교회 전도 프로그램으로 태권도 도복을 준비하여 "멕시칸"들이 교회에 등록하면 무료로 태권도를 가르쳐 주면서 전도에 힘을 다 한때가 있었다. 이때 "산호

세"에서 베트남인들을 대상으로 태권도를 가르 치는 남○○ 사범으로 인하여 베트남 사람들과 만난 적이 있다. 그후 체육관 방문과 태권도 승단 심사를 할 때 그리고 태권도 수련 시간에 참여를 하며 오랫동안 관계를 이어 온 적이 있었다. 베트남 태권도 사범이 우리나라 태권도 사범에게 지금까지 변함없이 의리를 지키고 예우를 깍듯이 하고 또, 때에 따라 우리 사범에 대한 위상을 지켜주는 베트남 사범과 베트남 사람들을 보면서 우리나라 사람들도 이런 것들을 배워 나아가면 좋겠다는 생각을 해본 적이 있다.

베트남에서 태권도 선교를 하고 있는 선교사들의 이야기를 들어보면 베트남에서 태권도 선교 활동에 대해 아주 호의적이라는 이야기를 듣는다. 어느 나라이든 태권도 선교는 도복을 입고 돌아다니기만 해도 50명 이상 100명 이상 따라다니는 체험을 가는 곳 마다 태권도 선교를 50여년 해보면서 경험해 본 일이다. 그러므로 해외 선교의 뜻을 가지는 선교사님들께서는 나이에 상관없이 태권도를 배워서 선교지에 가면 더 없는 좋은 선교가 될 것으로 추천을 한다. 베트남에서 태권도 선교를 위하여 태권도를 배워서 돈도 벌고, 복음 전도의 도장으로 사용하면 많은 유익이 되리라는 생각을 한다.

베트남 "호치민" 시에 국제사랑의 아카데미 본부를 세워서 예수 그리스도의 복음을 전파하는 교회와 신학교 그리고 태권도 블랙 벨트의 선교 행진이 "호치민" 시를 중심으로 전국에 기합소리와 함께 울려 퍼지기를 기대해 본다.

그리하여 베트남 민족의 평화가 국제사랑의 아카데미 태권도 선교사 수련을 통해서 이루어지기를 기도한다.

제4부

선교 이야기

1. 셈의 후예
2. 낚시 선교
3. 태권도선교기념체육관 건립
4. 배고픈 사람의 심정
5. 미주 한인 체전
6. 기독교 교류
7. 인디언 선교사가 맞습니까?
8. 언덕을 넘어서
9. 인디언의 찬양
10. 아버지
11. 나는 바보 아빠 선교사
12. 나바호의 밤

"날은 날에게 말하고

밤은 밤에게 지식을 전하니

언어도 없고 말씀도 없으며

들리는 소리도 없으니

그의 소리가 온 땅에 통하고

그 말씀이 세상 끝까지 이르도다

하나님이 해를 위하여

하늘에 장막을 베푸셨도다."

(시편 19편 2~4절)"

1
'셈'의 후예

하나님께서 만물을 창조하시고 하나님의 형상대로 사람을 지으시고 번성하고 다스리라는 특권을 주신 것을 믿는 사람들은 모두 은혜의 삶을 살아가는 줄 믿는다.

그런데 성경 말씀에 사람들이 너무나 타락된 삶을 살아가게 됨으로 하나님께서 후회하시고 모든 인간들을 쓸어버려야 하시겠다는 진노함을 성경에서 읽는다. 혹시 이 시대에 살아가는 나의 삶을 바라보시며 하나님께서 실망하고 낙심하셔 후회하실까 생각하면 기도를 게을리 할 수 없는 것이 나의 믿음이라 생각한다.

하나님께서 '노아'에게 방주를 만들라 하시고, '노아'의 가족과 모든 동물들을 방주에 모두 들어가라 말씀하시며 40일 주야로 비를 내려, 대 홍수로 말미암아 온 인류가 싹쓸이 되는 가운데 '노아'는 세 아들 '셈' '함' '야벳'을 두어 그들을 통해 다시 이 땅위에 종족이 번식되기 시작하였다고 성경에서는 말씀하고 있다. 그 중에 우리 민족은 첫째 아들인 '셈'의 후예이다.

'셈'의 후예는 황색인종으로 출애굽기에 보면 우랄 산맥을 중심으로 동쪽으로 이동하며 몽골에서 아래 남쪽으로 이동하여 우리 민족으로, 그리고 알래스카쪽으로는 미국 북남미 지역으로 이동한 것이 아메리칸 인디언 원주민들이라 인류학적으로 입증이 되고 있다.

그런데 우리가 살펴보아야 할 것은 '셈'의 후예는 잘사는 나라들이 없다. 미국 땅에 살아가는 원주민 '셈'의 후예는 성경 말씀처럼…

하나님이 '야벳'을 창대케 하사 "셈"의 장막에 거하게 하시고 가나안은 그의 종이 되게 하시기를 원하노라 하였더라.(창9:27) 이렇게 말씀을 하시고 있다. '셈'의 후예는 이렇게 흩어져 살고 있는데, '셈'의 후예는 우리나라 이외에 잘 사는 민족이 없다. 우리 한민족에게 주시는 하나님의 축복인 줄 믿는다.

축복받은 노아의 후예 첫째 아들 '셈'은 산맥으로 이동하기 때문에 세월도 많이 걸려야 했고, 둘째 '함'은 아프리카 쪽으로 이동하고, 셋째 '야벳' 후손은 해안을 끼고 이동함으로 유럽과 동남아시아 방향으로 널리 퍼져 '야벳'의 지배 국가들이 많이 있게 되었다.

'셈'의 후예는 신체가 건장하고 주로 산맥을 따라 이동하며 마을을 형성하여 동물고기와 산의 열매 및 나물을 많이 먹었다. 그러나, '함'의 후예는 남쪽인 아프리카 지역으로 이동하면서 많은 나라의 부족을 이루며 살아왔다. '야벳'의 후예는 해안을 끼고 이동하며 살면서 주로 바다 생선을 많이 섭취하고 다른 부족들 보다는 신속히 땅을 점령하며 이동하였다고 생각을 한다.

현대를 살아가는 '셈'의 후예와 '함'의 후예와 '야벳'의 후예는 동서양으로 나누어지며 세계 경제성장을 이루고 있다. 실로 '야벳'의 후예인 유럽인은 세계를 정복하고 평화를 유지하며 많은 나라와 협력 관계를 이루고 정상으로서의 위치를 굳히고 있다.

2
낚시 선교

　태권도 선교를 하다 보면 하루 종일 구경만 하고 말없이 돌아가는 사람도 있다. 그 사람들의 성향을 파악해 보면 숫기가 없어 해 보고 싶은데 몸에 반응이 없는 사람이다. 그 사람들 중에는 들을 것은 다 듣고 마음으로 모두 따라 하는데 집에 가서 하거나 자녀들에게, 선교사에게 배우고 들은 이야기를 집에서 가르쳐 주는 부모들도 있다. 그래도 복음은 누구나 참여해야 한다고 생각을 한다. 그래서 태권도는 하나님께서 우리에게 전도를 위해 사람들을 모을 수 있는 매개로 사용 하신다고 생각을 한다.

　간혹, 선교 사역지를 따라가는 선교 팀 중에 특히 남자들이 하루 종일 할 일이 없다고 서성대며 언제 끝나느냐고 마켓에 가고 싶다고 불만을 토로하는 사람들이 있다. 그래서 나는 낚싯대를 들고 호수가로 인도하여 '베드로'의 이야기를 해 주는데 나는 예수님의 이야기라고 한다. 그렇게 20년을 하다 보니 낚시 전도법을 개발하게 되었다.

　나는 저수지가 가깝게 있던 조그만 시골에서 태어났기에 어려서부터 물고기 잡는 방법을 터득하였다. 성인이 되어서도 매운탕 요리를 원하는 사람들은 내게 물고기를 잡아 달라고 나를 데리고 가는 경우도 있었다. 물고기를 낚시로 잡으려면 물고기와 친구가 되어야 하는데 물고기의 아이큐가 5정도 된다고 한다. 아이큐 5의 수준은 낚시에 달린 먹이를 물었다가 끌려 밖으로 나오던 중 낚시꾼의 실수로 인하여 낚시 바늘에서 빠져 떨어져서 다시 물속으로 들어갔다가 다시 그 자리에 가서 그 낚시 바늘의 먹이를 먹고 이번에는 고기바구니에 담겨지는 수준이라고 한다.

　이 세상 사람들이 물고기 아이큐 5의 수준에 머물러 사는 사람들이 많이 있다고 생각을 한다. 붕어가 금방 먹이를 물고 끌려올라 오다 떨어져 죽을 뻔 했는데도 다시 가서 그 낚시 먹이를 또 무는 물고기 수준과 같이, 현대사회에 예수 그리스도를 믿지 않고 계속해서 대를 이어가며 죄 가운데로 살아가는 사람들이 얼마나 많이 있는가? 먼저 나 자신을 돌아보아야 하는 시대에 우리는 살고 있다. 예수 믿지 아니하면 우리는 낚시 바늘에 달린 먹이에 물릴지 모르는 시대에 살아가고 있다. 어쩌면 이미 물었다 떨어졌는지 모르고 다시 그 먹이를 기다리고 찾고 있는지 모르는 우리의 삶을 어떻게 하면 좋겠는가?

　내가 교회의 어떤 사람들을 보면 물위에 떠 노는 물고기 같은 삶을 살아가고 있구나 하는 생각이 든다. 낚시꾼이 물고기를 잡으러 가기 전에 준비사항을 보면 물고기 아이큐 5의 수준에 맞춰 준비를 해야 하는데, 너무 많은 여러 가지의 준비를 한다. 위치와 시간, 장소, 물고기 종류, 낚싯대 바늘, 먹이, 그 외에 낚시할 고기 수준에 맞춰서 준비를 하여야 한다. 물 위에 떠다니는 물고기는 낚을 수가 없다. 교회를 빙빙 돌고 다니는 사람은 한 교회에 정착하기 어려운 사람이기에 절대로 한 교회에 머물기 어렵다. 물고기를 낚는 전도의 방법이 교회 부흥에 도움이 되기를 기대해 본다.

3
태권도선교기념체육관 건립

아메리칸 인디언 태권도 선교사로 하나님의 부르심에 순복한 나는 나를 버려야 하는데 버리지 못하는 것들 때문에 내 나이 70평생에도 계속해서 일을 벌리며 사는지 모르겠다. 나이가 70이면 하던 일도 정리 단계로 가야 하는데 점점 일을 만든다고 가족과 나의 지인들이 말들을 하는데 나는 아직 해야 할 사명이 확실히 있다는 확신으로 일을 만든다. 그러나 이런저런 이유로 아직은 계획하는 일들이 실행이 되지 못하고 있다.

한 그루의 사과나무를 보면 향기롭고 아름다운 꽃으로 시작하여 벌의 도움으로 사과를 맺는다. 나도 이러한 과정을 보면 계획하는 일이 아름다워 누구나 좋아할 수 있어야 한다는 생각을 한다. 그래서 나는 태권도 선교를 할 때 태권도는 경기 정신과 무도 정신으로 수련하여야 한다고 가르친다. 경기는 선수가 되어 실력이 못한 사람들을 모두 제치고 1등이 되었으니 최선을 다하여 승리하는 결과다. 무도 정신은 곧 문무 정신이라 말을 하는데 많은 지식을 가지고 몸을 튼튼히 해서 남에게 용서하고 배려하는 마음을 수련하는 것이라 생각을 한다. 예수님은 건강하셨던 분이었다. 성경에 예수님이 아파서 약을 드셨다는 이야기는 없다.

그러한 예수님은 제자들에게 "나는 온유하고 겸손하니 나의 멍에를 메고 내게 배우라 그리하면 너희 마음이 쉼을 얻으리니"(마태복음 11장29절)라 말씀 하셨다. 성도들이 예수님의 말씀을 배우려면 교회에서 목사님에게 열심히 배워야 한다고 생각을 한다.

나는 인디언 마을에서 태권도 선교를 하며 하나님께서 내게 주신 은혜가 이루 말로 다할 수 없는 은혜였다. 이러한 감격과 감동이 나에게는 하나님의 축복이었다. 나는 한 그루의 사과나무에 매달려 결실이 되기까지 비바람에 시달리고 많은 병충해가 괴롭히고 때로 물이 부족하여 목이 마르고 어떤 때는 아직 덜 익은 과실을 나뭇가지에서 억지로 떼어 버리는 순간의 아픔이 사람들이 살아가는 인생의 삶이라 생각을 한다. 이 혼탁한 세대를 살아가는 나에게는, 남은 생애를 태권도 선교 체육관을 이 땅에 남기고 싶은 열정이 있다.

나는 어느날 갑자기 몸에 이상이 생긴 것 같아 병원에 진찰을 받아보니 생명의 시간을 다투는 몸의 이상이 생겼다. 아산 병원에서 치료를 받고 입원 중에 내가 이대로 죽을 수는 없다는 생각에 죽어서도 복음을 전파 할 수 있는 것이 무엇이 있을까 기도하는 가운데 큰 길 옆에 땅을 사서 형광판에 "주 예수를 믿으라. 그리하면 너와 네 집이 구원을 얻으리라!(사도행전16장31절)" 24시간 예수님 오실 때까지 복음을 전파할 수 있다는 생각을 하며, 하나님의 은혜로 나는 가슴으로 울며 마음으로 영으로 기도하며 찬미하는 예수 그리스도 복음을 증거하는 태권도 선교사로 남고 싶었다.

4
배고픈 사람의 심정

 사도 '바울'은 유대인이고 율법자인데 선교를 다니며 배도 고파 보았다고 말하고 있어서 아마도 배고픈 사람의 심정을 잘 알고 있었을 것이다. 예수님께서도 배가 고프신 때가 있어서 제자들에게도 배가 고픔을 말씀 하셨다. 아마도 사람들은 누구나 배고픔을 겪어 본 때가 있으리라 생각을 한다.

 나 역시 한국전쟁이 멈춘 후 태어났다. 대한민국 이 땅에 먹을 것이 없어 굶주리는 사람들이 많이 있었다고 한다. 나의 어머니도 먹을 것이 없어 젖이 나오지를 않아 내게 젖을 먹이지 못해 나를 업고 젖이 많이 나오는 아이 어머니들을 찾아다니며 다른 아이의 젖을 먹이고 미음을 먹이며 키우셔서 나는 지금도 배가 고프면 어렴풋이 그 시절이 기억난다.

어려서 먹지 못하고 자란 사람은 지구력이 약한 것 같다. 먹이지를 못해서 배가 고파 우는 갓난아이를 부둥켜 안고 밤새 서성이는 엄마의 심정은 어떠하셨을까?

그래서인지 우리 어머니는 먹는 것에 인색하시지 않아 누가 먹을 것이 없어 굶는 사람이 오면 우리 먹을 것을 나누어 주는 것을 보고 자랐다. 나 역시 그러한 환경에서 자라난 탓일까? 항상 넉넉한 생활을 못 누리고 살아가는 내 자신이 나의 가족들에게는 미안했었다. 배고픈 사람이 배고픈 사람의 심정을 알기에 나는 선교를 가면 그들에게 먹을 것을 준비하여 간다. 내가 배가 부르면 옆에 사람이 아무리 배가 고파서 쓰러져도 모른다. 그런 탓에 나이들은 분들은 사람을 만나면 밥 먹었냐고 먼저 물어본다. 그런데 요즈음은 젊은 세대들은 굶어서 배가 고파도 이해하지를 못하는 세대에 우리는 살고 있다.

인디언 마을을 가면 어린 아이들이 먹을 것이 없어 먹을 것을 준비해 간다. 때로는 불고기와 하얀 쌀밥을 그들에게 주며 한국 사람들의 식사 문화를 알려 주려고 쌀과 김치를 함께 주면 너무 맛있게 먹는 것을 보며 나의 어린시절을 생각한다. 수원 생명의 교회의 박의식 목사님께서는 필리핀 "까방간"이라는 빈민촌에 교회를 세우셨다.

그 "까방간" 선교지에 태권도 선교를 시작하였는데 계속적인 태권도 선교를 위하여 강원도 원주의 세계태권도선교본부에서는 원로 목사님들과 성도들이 모여 태권도 선교 훈련을 준비 중에 있다. 내 주위에 있는 사람들은 나이 들면 체육관을 그만 두는데 박 목사님은 이제 무슨 체육관을 하느냐고 말하고 있다. 나의 가족들도 나이가 들면 하던 일들을 정리하는데 나보고 계속 일을 벌리냐고 말을 하면 참으로 안타깝다. 내가 태권도 선교를 안 하면 앞으로 50년 동안 뭐하고 살아야하나 이렇게 말을 한다. 나는 나와 함께 태권도 선교관 태권도를 지도하는 금강태권도 설국만 관장과 회원들에게 감사와 고마움을 드린다.

필리핀이나 몽골의 유목민이나 또한 고아원을 다니며 어린 아이들에게 먹을 것을 준비하며 배가 고프셨던 예수님을 생각한다. 먹을 것들을 대접하는 마음이 필경 배고픈 사람들의 심정을 이해해서일까? 예수그리스도의 복음을 전파하며 생명의 말씀을 전파하며 갈급하는 심령의 안타까움에서일까?

지금도 오지에서 복음의 사명을 감당하시는 선교사님들을 생각하며 나는 배고픈 사람들의 심정을 이해 하고 도우며 복음을 전파하기에 열심히 태권도 선교에 정열을 쏟는다.

5
미주 한인 체전

    미국 캘리포니아 주 "샌프란시스코"에서 제14회 미주 한인 체육대전이 열린 적이 있었다.

    이 대회를 주최하는 샌프란시스코 한인 체육회는 내가 사역하는 교회의 신동기 집사가 이사장이었고, 윌리엄 김이 대회장으로 대회를 준비하였는데, 이때 미국 전역에 있는 한인 체육회 대의원 회의가 "오클랜드"에서 있었다.

    나는 아메리칸 인디언들을 미주 한인체전에 출전시키기 위해 대의원 총회에서 승인을 받기 위해 만반의 준비를 하여 대의원 총회에 참석을 하였다. 나는 아메리칸 인디언이 미주 체전에 출전할 수 있다는 정관의 근거를 말하며 인디언 원주민을 "샌프란시스코" 미주 한인체전에 참석시켜 민족적 동질성을 부여하고 인디언과 대한민국 사람은 DNA검사 결과 87퍼센트가 같고, 생긴 모습이나 그들의 언어나 생활 풍습이나 구전으로 내려오는 전설이나 성경에서 말씀하고 있는 '셈' 족속의 이동 경로를 보아 한국 사람과 인디언은 민족적 동질성이 있다고 주장하였다.

인디언들이 미주 한인체전에 참여할 수 있는 여건이 된다고 한참을 설명하는 가운데 두 지역 체육회 회장의 질문을 받았다. 한 지역 체육회 회장은, 지금 말씀하시는 분은 태권도 선교사로 알고 있는데 목사가 선교나 잘 하시면 됐지, 체육인들이 참여하는 미주 한인체전에서 인디언을 왜 참여시키려 하는지를 모르겠다며 인디언 참여를 반대하였다. 이 말을 듣고 또 다른 지역 회장은 또 팀이 생기면 대회가 길어지니까 참여해서는 안 된다는 반대 입장에 "샌프란시스코" 체육회 이사장 신동기 집사는 그 자리에서 일어나 지금 무슨 소리 하고 있는지 모르겠다며, 박 목사는 대표선수를 거쳐 국제 올림픽경기 임원까지 지내신 분이라고 설명을 하자, 여기서 체육인을 이야기 하는 것은 옳지 않다고 말하며 나에게 찬반을 결정하기 전에 소견을 말하라는 사회자의 말에 나는 "미주체육회 회장단 여러분! 우리는 대한민국 고국을 떠나 이 미국 땅에서 살고 있습니다. 이 나라 원주민들이 우리와 같은 민족적 동질성을 가지고 있습니다. 이 원주민들이 미주 한인체전과 대한민국 전국체육대회에 출전을 할 수 있다면 얼마 좋겠습니까? 오늘의 이 결정은 역사적으로 매우 중요한 여러분들의 결정입니다. 아메리카 원주민이 참여하는 미주 한인체육 대회를 개최하여 우리는 미래 지향적인 관계를 유지해야 한다고 생각을 합니다. 여러분들의 현명한 결정을 존중합니다." 하고 말을 마친 뒤 찬반 결정에서 100퍼센트 찬성으로 미주 한인체전에 첫 출전을 팀 외 경기로 참여하게 되었다.

이 때 여러 다른 경기종목은 꼴지에 머물렀지만 나와 인디언 중학교 여자 수학 선생님인 Donma외 4명이 참가하여 권총 사격 부분에서 금메달을 획득하여 인디언 대통령실에 "샌프란시스코" 이사장 신동기 집사와 나 그리고 선수들이 참여하여 우승한 트로피를 나바호 대통령에게 전달하였다.

미주 한인체육대회에 아메리카 인디언 원주민이 참가하여 민족적 통합의 교류가 계속 이어지기를 바란다.

6
기독교 교류

2022년 봄을 맞이해 대한민국 한국기독교총연맹이 아메리칸 인디언 원주민 기독교 연맹 창설을 위해 인디언 목사들과 미주 한인 목사들 그리고 성도들이 참여하는 집회를 한인교회와 인디언 마을 체육관에서 열었다.

대한민국 기독교의 역사를 살펴보면 감리교의 '아펜젤러' 선교사, 장로교의 '언더우드' 선교사, 수많은 선교사들이 한국에 들어와 예수 그리스도의 복음을 전파함으로 인하여 대한민국이 세계 속에서 상상하기 어려울 정도의 급속적인 경제성장을 이루면서 세계 속에 우뚝 선 나라가 되었다고 믿는다. 그 뒤를 이어 대한민국 태권도 사범들이 대한민국의 우수성을 세계 속에 알리며 한국인들의 문화와 민족성을 널리 알리게 되어 대한민국의 경제성장을 이루는 초석이 되었다. 그러므로 대한민국 기독교는 미국 기독교에 빚을 지고 있다는 생각을 한다.

그러나 그 빚은 다 갚았고 은혜는 영원하다는 생각을 한다. 현재, 대한민국의 선교사님들이 세계 오지에 나아가 지금도 복음을 전파하고 있다. 한편 미국 선교사들은 도시에 병원과 학교, 그리고 선교사님들의 생활을 고려하여 선교사가 파송되는 예가 많은 반면, 우리 대한민국 교회의 선교사들과 성도들은 반대로 제일 낙후되어 전기불도 없고 차도 없고 어떤 지역은 전화도 안 되는 오지를 선택하여 생활을 할 준비도 없이 온 가족과 함께 선교지역으로 떠나는 모습은 어찌 나와 같은 마음인지 모르겠다. 언어 소통도 안 되고, 먹을 것, 잠 잘 곳도 생각하지 않고 떠나는 선교사들을 생각하며 나는 매일 밤 기도하지 않을 수 없다.

이렇게 해외에 나아가 기독교 교류를 이어가는 선교사들에게 별별 좋지 않은 이야기를 하는 사람들이 있다고 한다. 제발 그러한 이야기를 안 했으면 좋겠다. 그러한 이유에서인지 선교사들이 대한민국 고국을 방문하여 친지들을 만나고, 아는 분들도 만나면 선교비를 못 드릴 수 있는 입장일 수도 있지만 그렇다고 교회에 예배 드리려고 방문하면 교회 목사님이나 장로들이 좀 싫어하는 기색을 부리면 되겠나 싶다. 좀 차비라도 주면 좋지만 따뜻한 말 한마디도 못 해주는 분이 있다면 마음이 서글퍼진다.

나는 이런 경험이 있었다. 어느 단체 창립 예배에 초청을 받고 참석하였다. 설교 목사님의 말씀에 은혜를 엄청 받고 인사를 드렸더니 교회 예배에 오라고 말씀을 하셔서 나는 강원도 횡성 태권도 선교사 훈련원에서 새벽에 출발하여 교회 예배에 참석을 하였다. 역시 많은 은혜를 받고 나오며 목사님께 인사를 드렸더니 아래층에 내려가서 식사를 하라는 말씀에 길게 늘어선 식사 줄을 따랐다가 한 참을 기다리는 중에 나의 차례가 와서 배식 앞에 갔다. 그런데 식권을 사가지고 오라는 소리에 주위에 부끄럽기도 하지만 식권을 어디서 팔고 있는지도 모르고, 또한 식권을 구입하여 다시 긴 줄을 따라 식사를 하려는 마음이 허락하지 않아 그냥 돌아 온 적이 있다. 다시 횡성으로 돌아오며 얼마나 마음이 좋지 않은지 지금도 그 이야기를 한다. 대한민국에서 제일 부자동네이고 명성이 있으신 목사님 시무하는 교회에서 선교사에게 국밥 한 그릇 대접 못 하는 한국교회의 장래가 걱정이 된다. 배식을 하는 분들은 최소한 집사나 권사 일터인데 식권을 사야 하는지도 모르고 줄을 서서 기다렸던 선교사에게 국밥 한 그릇 대접 못하는 그들의 마음은 어떤 마음일까? 지금도 이해가 안 되는 이야기를 적으며 대한민국 교회와 목사님, 성도들이 은혜로 찾아 간 선교사에게 국밥 한 그릇 대접하는 사랑과 배려가 있으면 좋겠다는 생각을 한다.

7
인디언 선교사가 맞습니까?

　나에게 전화를 해서 정말 인디언 선교사 박종현 목사님이 맞느냐는 전화를 받은 적이 있었다.
　"로스앤젤레스"에 거주하시며 신학대학의 학장님으로 일하시던 장로님이시다. 부산에서 영어 교수로도 재직하셨다는 학장님은 말씀도 재미있게 하시는 유머 감각이 남다른 분이셔서 계속적으로 친분을 유지했는데 지금은 코로나 전염병 이후로 연락이 안 되어 궁금하기도 하다.
　장로님께서 운영하시는 신학대학 학생들이 인디언 여름선교에 참여하고 싶다고 연락이 와서 일자와 약도를 보내 드렸고 인원도 10여명 정도가 참여할 것이라는 이야기를 들어서 숙소도 마련하고 프로그램도 적절히 포함하여 은혜로운 선교가 되기 위하여 준비를 마치고 기다리는 중에 전화가 걸려

왔다. 나는 전화 연락이 잘 소통 안 되는 선교사로 불만이 있는 분들이 많이 있다. 문자만 넣어 주면 읽은 후는 전화를 하는 편이다. 이유는 쓸데없는 전화가 얼마나 많이 오는지 그 전화 받느라 선교 일을 못 할 때가 있고 또한 전화 잘못 받아서 보이스 피싱으로 돈을 다 잃어버린 경험이 있어서 내게 처음 전화하는 분은 꼭 문자로 이름과 용건을 이야기 해 주어야 소통이 잘 되는 편이다. 아마도 이야기를 읽는 분들은 동감하는 편이 있을 것이라 생각을 한다.

안 장로님 역시 오지 인디언 마을에 들어왔는데 연락이 잘 안되니 답답하기 이를 데 없는 그 심정은 욕이라도 해주고 싶은 마음이라 생각을 하지만 인디언 마을에는 전화가 잘 안 되는 곳이 많이 있어 때로는 연락이 안 될 수도 있다는 이야기를 하고 약도를 잘 알려 드렸다. 먼 길을 떠나온 장로님 일행은 저녁노을이 되면서 곧 캄캄한 밤이 돌아 올 텐데 사막 가운데에서 걱정이 태산일수도 있겠다는 생각은 이해는 가지만 미리미리 출발하여야 된다고 약도를 보고 참고 해야지 난청지역에서 전화를 아무리 해도 안 되는 것 을 어떻게 할 수가 없었다. 나는 도착시간에 도착할 것으로 알고 기다릴 수밖에 없었다. 오랜 시간이 되어 어두움이 깔리는 이 시간에도 도착이 안 되어 40분 거리를 차로 이동하여 통화를 했더니 장모님은 나에게 인디언 선교사가 맞느냐고 큰소리를 치며 전화도 안 되고 주소도 없는 약도를 가지고 찾아가는 마을이 이 미국 땅에 어디 있냐고 따져 보지만, 나로써는 약도 이외에 다른 방법이 없었다. 나는 오직 장로님 일행이 멀리서 하루를 운전하고 오느라 고생하고 피곤들 하겠지 하는 생각으로 그들의 마음을 전화로 달래 주었다. 1시간 후에 함께 만나 선교지에 도착을 하였다. 입구에 내려 인디언 말을 영어로 표기해 놓은 학교이름을 읽어보라고 학장님부터 학생에게까지 물어 보았는데 아무도 읽지를 못했다. 영어 박사인 안 장로님도 읽지 못하고 주소가 N8 이렇게 쓰여 있으니 이것을 보고 어떻게 찾아 올 수 있으며 전화기들을 켜고 각자 집에 있는 가족들에게 안부전화를 해도 통화가 안 되는 마을에 박 선교사님이 더 이상 약도 이외에 다른 방법이 없음을 안 장로님 일행은 이해하며 은혜로운 인디언 태권도 선교를 하였다.

인디언 선교사가 맞느냐는 큰 목소리가 변해서 선교사님은 여기를 어떻게 처음에 오셨는지에 대하여 감탄하며 선교하는 믿음의 열정들이 지금도 눈에 선하다.

8
언덕을 넘어서

나는 "워싱턴" 주 "시애틀" 근처 "메르스빌" 인디언 마을에 처음 방문하게 되었다. 내가 태권도 선교사라는 것을 알았던 이기택 목사는 나와 친한 친구의 큰 처남인 서울 대학교 치과대학 동창이다.

이기택 목사는 억수같이 쏟아지는 비 내리는 오후 나를 데리고 "메르스빌" 인디언 마을로 향하며 인디언 선교는 박 목사께서 해야지 다른 사람은 할 사람이 없다는 말을 하며 달려갔다. 길게 죽 늘어선 나무길 사이로 사슴들이 오가는 것을 보며 이곳이 인디언 마을이구나 하는 생각을 하였다.

한 참을 가다 보니 마을이 나오고 바닷가가 나오며 왼쪽으로는 학교와 체육관이 잘 지어져 있었다. 체육관 안으로 들어가니 어림짐작으로 100여 명이 넘는 아이들이 나를 물끄러미 바라보며 무언가 말을 들으려는 눈치였기에 내가 큰소리로 인사를 했더니 어린이들이 웃으며 반기고 뛰어 놀기도 하였다.

곧이어 '짐'이라는 체육관 책임자를 만나자 이기택 목사님은 나를 가리키며 "이분이 여기서 어린이들에게 태권도를 가르칠 것"이라 이야기를 하자 '짐'은 고맙다는 인사를 하고 다음 주부터 시작하기로 약속을 하였다. 돌아오는 길에 이기택 목사에게 인디언 선교 동기에 대하여 이야기를 들었다.

그리고 백인들이 미국 땅에 거주하면서 국가로서의 체계를 갖추기 위하여 원주민과 전쟁에서 '시애틀' 추장이 마지막 항복한 곳으로 "시애틀"이라는 도시 이름이 생겨졌으며, "워싱턴" 주는 미국합중국의 초대 대통령이었던 '조지 워싱턴' 이름에서 유래되었다는 말을 듣게 되었다.

이 후 최인진 목사가 나의 보증으로 태권도 도복 100벌을 외상으로 구입해 방문한 "메르스빌" 인디언 마을 체육관에는 500여 명이 넘는 어린이들이 모여 있었으며 100벌의 도복 가지고는 어림도 없어서 나누어 주지 못하고 '짐'에게 창고에 보관을 부탁하였다. 그리고 나는 다음 주는 태권도 배우러 오라 하지 말고, 태권도를 잘 할 수 있는 아이로 100명만 선발하라고 부탁을 하였다. 그 다음 주 약속한대로 인디언 마을체육관을 갔을 때에는 270여 명이 모여 너무 많아 또 다음으로 미루고, 그 다음 주 모인 200명으로 태권도 선교를 시작하였다. 외상 태권도 도복을 입히고 복음을 전파하고 있을 때, 한국에서 온 사범이 있으니 나보고 다른 마을로 가면 좋겠다는 이야기를 나에게 최 목사님께서 부탁을 하여 나는 3개월 만에 "메르스빌" 인디언 마을을 떠나야 했다.

내가 떠나온 후 들리는 소리는 태권도 사범의 영주권 신청 때문이라는 이야기를 듣고 잘 되었다는 생각을 하였다.

나의 갈등은 여기서부터 시작이 되었다. 기도를 하면 기도할 때마다 인디언 기도가 나오니 억지로 안 하려고 해도 인디언 기도가 나와서 하나님의 뜻인 모양이라고 생각하고 멀리 "캘리포니아" 인디언 마을로 이동하게 되었다. 미국 내에 인디언 마을에서 제일 험악하다는 이야기를 듣고 찾아간

곳이 "포모" 인디언 마을이었다. 이 마을은 120여 가구의 마을로 이루어져 있으며 작은 도박장도 있는 마을이다. "클리어 레익"이라는 높은 산 위에 위치하여 있는 마을로 이 산 위에 호수가 옆에 자리한 "포모" 인디언 마을이다, 언덕을 넘으며 은혜 위에 은혜를 더 입었던 언덕길이 나의 선교의 언덕길이었음이 지금도 기억이 생생하다.

9
인디언의 찬양

성경에서는 시편 150편 1절 "호흡이 있는 자마다 여호와를 찬양할지어다. 할렐루야"라고 말씀을 한다. 호흡이 있는 자는 살아 있다는 증거임에는 틀림이 없다. 살아 있는 자마다 여호와께 찬양을 드려야 한다는 다윗의 간증은 혼탁한 시대를 살아가고 있는 현대인에게 생명의 말씀이 된다. 찬송을 부르면 나의 마음에 변화가 오는 것을 찬양의 은혜를 받아본 사람들은 은혜를 사모하는 믿음으로 찬양을 부르며 사는데 참으로 부러운 삶이라 생각을 한다.

나는 태권도 인디언 선교를 하며 찬양을 통하여 마을의 변화가 일어나는 것을 여러 번 체험을 하였다. 오늘날 어린이들이 태권도를 수련 할 때에 재미없다고 도중에 그만 두는 어린이 들이 많이 있다. 인디언 마을에서는 처음부터 예수님 찬양을 영어로 가르친다. 영어로 찬양을 부르고 태권도를 가르치며 처음에 인사 잘하기, 다음에 똑바로 서서 다니기, 다음 순서로 인사 잘하기를 가르치는 순간 동네가 달라진다. 인사 잘하기를 가르칠 때 하루에 열 번을 만나도 어른들에게 무조건 인사를 잘 해야 한다고 가르친다. 아침에 일어나면 인사하고, 학교가면 인사하고, 학교 다녀오면 인사하고, 나가고 들어가면 인사를 하면 떡이 저절로 들어온다고 가르친다. 이 정도가 되면 동네 마을길의 조그마한 돌들은 없어진다. 여기저기 산재해 있던 돌들은 인디언 수련생들이 예수님 찬양을 부르며 돌들을 발로 차서 길바닥에 돌이 없어지는데 조그마한 돌에서 큰 돌로 이어지면 큰 돌이나 박힌 돌을 차서 엄지발톱이 시커멓게 멍이 드는 아이들도 있다.

'예수님 찬양'은 대한민국 교회가 1970년대 부흥의 시대를 맞아 전국 방방곡곡에서 부르던 찬양이다. 50여 년 전에 대한민국에서 최고의 히트 찬양 곡이었던 '예수님 찬양'이 현재 인디언 선교지에 이어 몽골, 캄보디아, 필리핀 등의 나라에서 태권도를 가르치며 최신 히트 찬양으로 불려지고 있다. 한번 들으면 모인 사람들이 함께 부를 수 있는 찬양이다. 이보다 더 좋은 찬양이 어디 있을까? 다른 말이 필요 없고 오직 예수님 찬양을 드리는 신앙의 고백이고 찬양이 되는 줄 믿는다. 내가 변하면 마을이 변하고 세상이 변화되는 은혜가 현대를 살아가는 우리에게 찬양을 통하여 이루어지길 간절히 소원해 본다.

사회와 인류가 점점 반복되는 죄악의 시대에 경제문제, 학교문제, 건강문제, 직업 및 사업문제 등으로 어렵게 살아가고 있지 않은가? 나의 심령에 아름다운 일을 행하신 주님께 찬양을 드리고 세계 만국 중에 선포하라는 말씀에 귀가 솔깃해진다. 손뼉치며 작은 입을 크게 벌려 하나님께 찬양의 삶을 살아가는 대한민국 교회 성도 여러분들이 다 되기를 바란다.

10
아버지

하나님께 아버지라 부름은 아들 되신 예수 그리스도께서 친히 이 땅에 오셔서 우리와 함께 형제가 되셨으니 우리는 예수 그리스도와 믿음으로 친구만 되면 하나님의 아들이 되는 은혜를 입을 수 있다고 성경에서는 말씀하고 있다. 그래서 예수 그리스도를 믿고 구원받은 사람들은 기도를 드릴 때 예수 그리스도의 이름으로 하나님께 아버지라 부르며 기도를 드린다. 그래서 우리는 항상 하나님의 말씀 안에서 살아가기를 서원한다.

우리 아버지께서는 이 세상에 어떤 아버지보다 훌륭하신 분이시다. 나는 다시 태어날 때 아버지를 선택하라 하면 또다시 나의 아버지를 선택하리라 확신을 한다. 내가 자라서 학교 다닐 때 공부하라는 말씀을 전혀 안 하셨다. 어쩌다 성적표를 보여 드리면 무조건 잘 했다 칭찬하고 내가 글씨를 쓰면 발가락으로 쓴 글씨 같다며 칭찬하시는 것인지 못썼다가 하시는 말씀인지 지금도 이해 할 수는 없지만 학교 다닐 때 공부하라는 말씀을 안 하셔서 정말 좋았다. 우리 아버지는 농악을 좋아하셨는데 꽹과리, 장구, 북, 피리, 상모 등 못하시는 악기가 없으신 분이시다. 우리 시골 동네에서 우리 아버지가 계시지 않으면 농악놀이가 안 된다. 몇 분이 모여 꽹과리, 호적, 장구, 북만 가지면 동네를 한 바퀴 돌고 놀다 들어오신다. 우리 집에 들어오시면 집에 있는 먹을 것을 다 내놓고 놀다 가시는 것을 많이 본 탓에 나는 조금 흉내를 내는 정도이다. 그래서 농악대 뒤를 따라다니던 어린 시절을 생각하면 내가 선교사가 되어 해외 오지마을을 가도 어린이들을 잘 데리고 논다. 그러한 이유에서인지 나는 육군 주특기가 정훈이다. 정훈교육은 장병들의 정신교육과 위문 공연과 전우신문을 담당하는 가운데 군대의 위문공연을 담당하는 특과이다. 어떤 분들은 너도 군인이냐고 부르는 사람이 있지만 우리가 가면 싫어하는 군인들은 없다. 영화 보여주고 노래 불러주고 놀도록 유도하며 군인정신 함양을 위해 좋은 말만 하는 특과병과인 것을 생각하면 제대 후에 선교사로 사용하시고자 하시는 하나님의 섭리이셨다고 억지로 생각하며 웃는 나를 웃기는 사람이라 생각을 한다.

　그러나 나의 아버지께서 76세의 여름 중복날 저녁 호흡을 멈추시고 영원히 우리 가족의 곁을 떠나시고 영원한 안식처 하늘나라로 돌아가셨다. 마지막 나에게 일러 주시던 말씀이 나의 머리와 가슴에 남아있다. 너는 물을 마실 때라도 하루라도 먼저 태어난 사람에게서 뒤로 물러서라는 말씀과 고목나무는 절대로 자르지 말라는 이 두 가지 명언의 말씀을 내게 일러주셨다. 나는 뜻도 모르고 대답을 하였지만 인생을 살아보니 이 말씀이 **뼈**가 되는 말씀인 것을 깨닫지 못한 내가 후회스럽다.

11
나는 바보 아빠 선교사

나는 지나온 날을 생각해 보면 머리가 굉장히 좋은 사람이었다고 나 혼자 생각을 할 때가 있다. 그런데 머리가 나쁘게 된 동기는 어려서 겨울철 내가 태어난 시골집 앞 논에 얼음이 얼어 썰매를 타기에는 아주 좋은 얼음판 이었다. 나는 저녁때 쯤 썰매를 메고 꼬챙이를 들고 앞 논에서 썰매를 타다 뒤로 넘어져서 한참 만에 깨어난 후 부터 머리가 나빠진 것 같은 느낌이 든다. 그리고 고등학교 시절 캄캄한 밤에 공기 소총을 오른 쪽 어깨에 메고 왼손으로 자전거 운전을 하며 수원시 지동에서 연무동으로 가는 도중 웅덩이에 빠져, 내 생각으로는 3시간 쯤 후에 깨어나 집으로 간 적이 있다. 이 때 머리가 더 나빠진 것 같다는 생각을 한다. 그러나 나는 군에 입대하여 하사관 학교 훈련과 정훈학교를 다니며 기합도 많이 받고 철모로 머리를 얻어맞으면서 머리가 더욱 좋아진 것 같다는 생각을 해 본다. 이렇게 생각을 해 보면 군대 생활에서 훈련 중 겪는 기합들이 오히려 머리가 좋아지는 기회가 된다는 생각을 해보는 것도 손해는 없을 것 같다는 생각을 한다.

나는 한 가정의 아빠로서 최고의 바보 아빠라 생각을 한다. 다른 어린이들은 과외 공부를 하나도 아니고 두 세 개씩 가르치는데 나는 한 가지도 가르쳐 보지를 못했다. 오히려 공부가 인생의 전부가 아니라고 공부 그만 하라고 훼방을 하였으니 이런 이야기를 듣는 내 자식들의 마음은 어떠했을까? 차를 타고 다녀야 하는데 아빠는 십 여리 길을 걸어 다녔다고 너희들 이 정도는 아무것도 아니라며 걸어 다니라 이야기를 한다. 나는 정말 바보 아빠 수준을 벗어나기 힘든 사람이라 생각을 한다. 그리고 나는 오히려 가난이 축복이고 재산이고 부자라고 말하는 아빠의 말에 아이들이 실망 아닌 실망을 거듭하였겠다 생각을 하면 나도 괴롭기 한이 없다.

그러나 인디언 선교에 돈을 빌리고 외상을 하며 아낌없이 있는 것들을 총 동원해서 선교에 쏟아 붓는다. "시애틀"인디언 마을에서 외상으로 도복 100벌을 내가 보증을 서 인디언들에게 도복을 입히고 이 도복을 구입한 목사가 도복 대금을 안내서 결국 내가 2천 5백 달러의 돈을 지불하며 고통당한 생각을 하면 웃을 수도 없다.

"캘리포니아" 인디언선교를 위하여 500벌 값을 주겠다고 해서 할렐루야 태권도라는 이름을 도복 뒤에 새겨 교회 사무실에 25박스를 쌓아 놓았다. 이 도복들을 인디언 마을에 가지고 갈 때 한번에 2박스 50벌씩 가지고 가는데 교회 사무실에 도복을 잔뜩 쌓여 있어 마음이 부요했는데 도복을 맞추어 주신 분들이 돈을 지불하지 않아 내게 도복 값을 달라고 매일 전화가 와서 엄청난 고난을 받았다. 그때 1만 달러가 넘는 도복 값을 갚느라 바보 아빠는 바보 선교사가 되었다.

12
"나바호"의 밤

"나바호" 인디언 원주민들 중에 비교적 "아파치" 부족과 "체로키" 부족과 "유타" 부족들은 다른 부족들에 비해서 자기부족에 대한 부족정신이 강하여 오랫동안 전쟁에 참여하여 아주 강한 부족으로 이름이 남아있다.

"아파치" 부족들이 사는 마을에 들어가 보면 조용하고 평화스러운 풍경을 볼 수가 있다. "나바호" 부족 인디언 마을은 "애리조나" 주와 "콜로라도" 주와 "뉴멕시코" 주 그리고 "유타" 주에 접하여 있는 지역으로 넓은 토지를 지니고 있다. "네바다" 주를 지나서 "애리조나" 주와 "그랜드 캐년"으로 가면 "호피" 인디언들이 살고 있으며 "콜로라도" 강이 흐르는 물을 보다보면 아주 자그마하게 펄럭이는 깃발이 보이는데 "호피" 인디언 부족 본부이다. 계속하여 동쪽으로 몇 시간을 지나다 보면 "나바호" 본부가 있다. "나바호" 본부에는 President Office가 있는 "윈도락"이다. 인디언 부족의 행정부가 자리잡고 있다.

내가 "나바호" 인디언부족 복음화를 위하여 태권도 선교를 시작하게 된 것은 캘리포니아 "산타 로사"에서 태권도를 배우던 '도나'라는 중학교 수학 선생님이 자기 남편의 고향 "나바호"로 이주하여 DZ학교에서 근무하게 되면서 나에게 이 마을에서 태권도를 학생들에게 가르쳤으면 좋겠다는 이야기를 하여 나는 이 학교에 태권도 선교를 시작하게 되었다.

처음 방문할 때에 얼마나 먼지 도저히 힘든 지역이라는 생각을 하였다. 그러나 이왕 선교를 하려면 오지에 척박하게 살아가는 이들에게 복음을 전파하는 것이 좋겠다고 순수한 한인 선교사의 근성으로 시작하게 되었다. 여름이 되어 학교가 방학을 하면 우리는 매년 250여 명이 태권도 선교에 봉사팀으로 "나바호"에서 모인다. 또 해마다 맞이하는 나의 생일을 "나바호" 인디언 마을에서 맞이한다. '도나'의 가족은 우리와 한 가족 같이 지내는 터라 항상 거처를 '도나'의 집에서 머물게 되지만 다른 선교 팀들은 학교집이나 기숙사에 서 머물게 된다. 보통은 일주일에 20여 명이 팀을 이루게 되는데, "뉴멕시코" 주 고산 지대에서 북을 치고 꽹과리를 치며 전도하는 모습은 마치 우리나라 1960년대의 한국 시골 풍경이라 보아도 괜찮을 것 같다. "나바호" 태권도 선교를 하는 중에 나의 생일을 맞이하면 '도나'의 가족들이 인디언들이 먹는 맛있는 밀가루로 만든 케익과 다른 빵들을 만들어 생일 행사를 하는데, 낮에는 태권도 훈련하던 어린이들이 벌판을 뛰어다니며 야생 토끼를 발로 차서 잡아온다. 보통 5마리의 토끼를 잡아 요리도 하는데 나는 질겨서 먹을 수가 없다. 이 토끼로 요리를 하면 인디언들은 맛있게 식사를 나누는데 한인 음식과 인디언 원주민 음식을 나누어 먹으며 각자가 준비해 온 폭죽 불꽃놀이를 하며 찬양을 부르고 기도하며 밤이 새도록 생일 파티를 하는 것을 보면서 나의 생일 축하에 마음으로 감사를 한다. 또한 나의 생일을 기억하고 해 마다 펼쳐지는 생일 파티에 불꽃놀이가 "나바호" 인디언 마을에 선교의 횃불이 되어 "나바호" 인디언 복음화가 이루어지길 간절히 바라며 기도를 드린다.

제5부

바람아 불어라!

1. 새벽 종소리
2. 선교 운동
3. 사랑의 나눔 운동
4. 독서 운동
5. 후원 운동
6. 자축운동
7. 청소 운동
8. 태권도 건강 운동
9. 실천 운동
10. 가난은 축복이다.
11. 크리스천 말씀 운동
12. 찬양 운동
13. 나는 가슴으로 울었다.

"그러므로 너희는 가서 모든 민족을

제자로 삼아 아버지와 아들과 성령의 이름으로

세례를 베풀고

내가 너희에게 분부한 모든 것을 가르쳐

지키게 하라 볼지어다

내가 세상 끝 날까지 너희와

항상 함께 있으리라 하시니라."

(마태복음 28장 19~20절)"

1
새벽 종소리

　내가 태어났던 시골의 고향은 전기불도 없고 차도 없고 전화도 없고 오로지 있는 것이라고는 조그마한 시골교회 종소리만 있었다. 교회 종소리를 들으면 새벽 5시로구나. 주일 오전에 교회 종소리를 들으면, 아! 오늘 교회 가는 날이구나. 시간을 아는 수단이었다. 그러므로 종소리를 몇 가지로 구분을 한다. 초 종소리, 시작 종소리, 마치는 종소리, 긴급한 종소리, 계속 치는 종은 불이 났거나, 무장공비가 나타났거나, 긴급한 상황이 일어났을 때 치는 종이다. 새벽에 치는 종소리를 들으면 하루의 일과에 힘이 나고 무언가 좋은 일이 있을 것 같은 마음으로 하루를 시작하게 된다. 그런데 오늘날에는 종소리는 오간데 없이 알람시계 맞추어 일어난다.

그러나 종소리를 들으면 가슴을 울리는 찡하는 감동과 함께 새로운 희망의 소리로 들림은 누구에게도 같은 마음이리라 생각을 한다.

나는 종소리를 좋아한다. 1월 1일 새해 첫 날 0시가 되면 종각에 있는 보신각에서는 대한민국 모든 국민이 희망찬 새해를 맞이하는 축하의 종소리로 새해의 문을 연다. 이를 참관하려고 밤새 서울 중심의 종로 거리를 거닐며 밤을 보내며 0시가 되면 종각의 보신각으로 모여들어 종소리를 듣는가 하면 텔레비전에서는 새해를 맞는 첫 종소리를 생중계한다. 이 종소리를 들으려고 모두 TV앞에 둘러 앉아 지나간 1년 동안의 삶을 뒤돌아보며 종소리를 들으며 새해를 맞이한다.

그 많은 사람들이 왜 새해의 0시에 울리는 종소리를 들으려고 모이는 것일까? 0시에 울려 퍼지는 종소리가 하나님께서 피값으로 세워 주신 교회 새벽종 소리가 되어 이 세상에 방황하는 사람들에게 새로운 인생을 믿음으로 살겠다는 결심의 종소리가 되기를 간절히 기대를 해 본다.

교회는 새벽 종소리를 들으며 하나님께 기도를 드리고 하루를 시작한다. 학교는 종소리를 시작으로 학업을 시작한다. 우리는 종소리가 귀에 익숙하다. 교회 종소리를 들으면 세상에서 방황하던 사람들이 새로운 삶을 살아 보겠다고 어금니를 깨물며 교회를 찾아와 변화되는 사람들이 얼마나 많이 있었는가? 하나님께 기도를 드리는 성도의 마음에 국가 사회에 헌신으로 봉사하는 마음이 싹트고 종소리를 들으며 하루를 시작하는 성도들의 마음이 이 나라가 잘 사는 나라가 되는 계기가 되었다고 생각을 한다.

현대를 살아가는 우리 곁에 어렵게 힘겨운 삶을 살아가는 이웃들에게 우리는 어떡해 복음의 종소리를 들려줄 수 있을까? 교회 종소리가 그리워지는 나는 이 세상 다할 때까지 복음의 쉬지 않는 새벽의 종을 치리라 다짐해 본다.

2
선교 운동

나는 태권도 선교사로 30여 년을 아메리칸 인디언 복음화를 위하여 젊음의 시절을 보냈다. 사도 바울이 고린도 후서 11장 26~27절에 고백한 "여러 번 여행하면서 강의 위험과 강도의 위험과 동족의 위험과 이방인의 위험과 시내의 위험과 광야의 위험과 바다의 위험과 거짓 형제 중의 위험을 당하고, 또 수고하며 애쓰고 여러 번 자지 못하고 주리며 목마르고 여러 번 굶고 춥고 헐벗었노라."의 고백이 나의 고백이 되는 감사가 때로 있었다. 죽음에 처해 보기도 하고, 굶어 보기는 수없이 해보고, 수 없는 시련을 당하여 보고, 인격적으로 모함도 당하고, 매를 맞아도 보고, 참을 수 없는 배신도 당해 보았는데, 그러한 일들이 지금 생각하면 한없는 하나님의 사랑이셨다고 고백을 드린다. 선교운동을 열심히 하노라면 누구나 당할 수 있는 일이기 때문이다.

그러나 이 세대에 선교사의 한 사람으로서 겪는 어려움을 선교 운동에 피력함으로 상호 이해하고 협력할 수 있는 일들이라 생각을 한다. 나는 한 해, 두 해 나이가 늘어나는 것도 잊은 채 선교에 사명을 다하며 어느덧 새까맣던 머리가 하얗게 변해있고 하루 종일 뛰어도 지칠 줄 몰랐던 육신이 아픈 곳이 늘어나고 내 주위에 있는 사람들의 시선은 달라지고 있어 나에게 브레이크가 되고 있다. 그러나 나에게 상관없는 말이라고 생각을 하며 지칠 줄 모르는 선교에 열정을 다한다.

그러면서 내가 죽어서도 복음을 전파할 수 있는 것이 무엇이 있을까 생각한 것이 휴일을 맞이하면 많은 인파가 여행을 다니는데 그 길목에 큰 형광판을 만들어 "주 예수를 믿으라. 그리하면 너와 네 집이 구원을 얻으리라!" 말씀을 써서 평생에 내가 선교하던 것들을 띄우면 나는 죽어서도 복음을 전파하는 일을 할 수 있겠다는 생각으로 여러 곳을 보고 다니다 강원도 원주 시내 한 복판에 상가를 매입하게 되었다.

치악산이 펼쳐진 시내를 지나 병풍처럼 치악산이 바라보이는 건물을 매입하느라 돈이 한 푼 없이 매입을 하고 어떡해 이 건물이 예수 그리스도의 복음을 예수님 오실때까지 전파할 수 있을까? 1년째 생각하며 기도하고 있다. 국제사랑의 아카데미 태권도 선교 본부가 원주에 세워지고 이 모델이 각 나라 본부에 표본이 되어야 할 구상을 하고 있다.

코로나 전염병으로 인하여 해외 선교사님들의 자리가 많이 흔들렸다. 선교사님들이 우리나라로 귀국하면서 설 자리가 없어 택시 운전을 하고, 대리 운전을 하고, 노동을 하며 생계를 유지하고 있으며 가족들까지의 희생과 가정이 파탄되는 어려운 처지에 봉착되어있는 선교사님들도 있다. 이러한 선교사님들의 재기를 위하여 강원도 원주 태권도 선교사 훈련장이 잘 유지되어야 한다는 나의 생각으로 이 책을 쓰고 있다. 10만 권만 팔리면 이 일들을 감당할 수 있는 확실한 터전이 마련되리라 생각을 한다.

태권도 선교는 영원하다. 태권도 선교 운동에 성령의 바람이 불어 인류 복음화에 기여하리라 생각을 하면 마음으로 기도하며 책을 출판하려 밤을 지새워 보기도 한다.
할렐루야!

3
사랑의 나눔 운동

아메리칸 인디언의 라빈슨 렌체리아 마을 추장이었던 '스탠'은 나와의 친구이고 형 같은 사람이었다. 그곳은 내가 처음으로 선교의 발을 디딘 마을이다. 그런데 옹기종기 모여 사는 평화로운 조그만 마을에 카지노가 설립되어 마을 전체가 두 갈래로 찢겨 다툼이 일어나는 마을이 되었다.

움막 같았던 카지노가 새로운 건물을 짓고, 건물 안에는 여러 가지 고급 음식을 파는 식당도 있고, 호텔까지 있어 카지노 분위기는 지나가는 차량들을 불러들여 카지노를 즐기는 도박장이 되었다. 마을의 사람들이 순박함에서 각박하기 이를 데 없는 모습으로 변해지는 것을 보며 경제, 문화가 부유하고 화려하게 변화 될수록 사람들의 생각과 삶은 강퍅해지고 있는 것을 실감하기도 하였다.

처음 이 마을에서 태권도 선교를 시작할 때에는 사도행전 2장의 초대교회 같이 함께 나누며 배려하며 살아가던 동네가 싸움과 시기와 분쟁이 멈추지를 않는 가운데 예수 그리스도의 복음을 전파하는 나의 처신은 기도할 수밖에 없어 마을을 들어가면 심방을 하고 사랑의 나눔 운동을 하며 태권도를 가르쳤다. 그러자 서로 물건을 통용하고 음식을 나누어 먹고 서로 위로하며 기도하기를 힘쓰는 마을이 되었고, 매주 수요일 저녁 7시에는 10명 이상의 가정주부들이 모여 예배를 드리고 기도를 드리며 찬양 가운데 모임이 계속 되었다. 그러자 나의 마음은 언제나 가볍게 이 마을을 가게 되었다. 하나님의 사람들은 서로 나누는 사랑의 운동이 이 시대에 꼭 필요하다는 은혜를 체험하게 되었다.

나의 조국 대한민국에 귀국하여 새로운 삶의 터전의 자리를 잡아 보려는데 내가 태어난 곳은 흔적이 없어졌다. 고속도로가 길게 펼쳐져 있고 아파트 단지들은 옛 논두렁 길 모습을 지워버렸다. 남은 흔적은 어린 학창시절 한 교실에서 똑같은 선생님에게 가르침을 받았던 동창생들의 반가운 만남과 멀리 보이던 높은 산은 나를 반겨주는 듯 가까이 우뚝 서 있는 모습을 보면 나의 마음은 어린시절에 서 있다.

대한민국 우리나라 민족은 세계 어느 나라에 가도 정이 많은 민족이 되어 나누어 주고받는 것이 익숙해져 있다고 생각을 한다. 우리나라 어디를 가도 사랑의 나눔이 없는 곳이 없고 대한민국 사람들이 살아가는 나라에서는 어디를 가도 나눔의 정서가 삶에 배어있다. 그래서 어느 나라 어디를 가도 어느 민족의 사람들을 만나도 금방 만남의 익숙함이 음식을 나누고 함께 먹는데 있다고 본다.

어린 시절 나의 고향 낙생면을 기억해 보아도 먼 밭에서 일을 하면서도 주위에 있는 사람들을 모두 불러 음식을 나누어 먹으며 일을 하는 모습이 얼마나 정겨운 일인가? 우리는 서로 사랑의 나눔을 통하여 나의 마음이 풍요로워지고 덕을 세워 나가며 이러한 삶에서 가정이 복되고 후손이 잘되고 국가 사회가 풍요로워질 수 있는 사랑의 나눔이 나로부터 이웃에게, 교회로부터 교회로 이어지기를 간절히 기대해 본다.

4
독서 운동

　현대를 살아가는 우리는 제발 책을 읽어야 할 것 같다. 인터넷이나 유튜브를 보면서 많은 지식을 얻을 수 있다고 나도 생각을 하지만, 어떤 것이 나에게 유익된 것인지를 판가름하기가 쉽지 않기 때문에 우리는 책을 읽어서 확실한 나의 소신이 마음 안에 뿌리를 내리고 나의 삶이 되어야 할 것 같아서다. 이것저것 보면서 다 좋은 것 같아 보여 모두 해보려고 하지만 다 할 수 있는 것이 아니다.

　나의 동생이 낳은 조카가 있다. 미국에서 고등학교를 졸업하고 대학을 가기 위해 "아리조나" 주립 대학에 입학을 앞두고 있었다. 그런데 아이가 없어져 연락이 두절되어 아들을 찾는 부모의 마음은 온 가족들에게 걱정이며 비상이 되었다.

모든 수단을 동원하여 소재를 찾은 것이 한국에 있다는 것이다. 나의 동생은 한국으로 나와 아들을 찾는데 찾을 길이 없던 차에 고모에게 용돈을 달라는 전화를 받아 설득하여 아버지를 만났다. 부자가 만나 여러 이야기를 주고받는 자리에서 아늘이 하는 말이 자동차라도 고쳐서 아빠에게 매월 3천 달러씩 드릴테니 제발 공부하라는 말만 하지 말라는 것이 그의 소원이었다. 하는 수 없이 학교를 포기하고 "아리조나" 집에 도착하여 자동차를 고치는 메카닉(정비공)을 하겠다고 하니 미국의 자동차 종류별로 책을 사서 아들에게 주며 열심히 공부하라고 권했다. 이 녀석은 벌컥 일어나며 아빠 이것도 책이라고 자동차 고치는 메카닉(정비공)도 안 하겠다고 하니 난감할 수 밖에 없을때, 그러면 미군에 입대하기로 하여 군대에 입대를 하였다. 군에서 전기공으로 일을 하며 전역을 한 다음 아빠에게 나 대학을 가겠다고 하더니 얼마 전에 대학을 졸업하고 "피닉스"에서 제일 큰 일식식당을 경영하고 있다.

이 세상을 살아가는데 있어 인터넷을 보고 지식을 쌓으면 좋은 것들도 있겠지만 어떤 것이 맞는 것인지 분간하기가 어려울 때가 있다. 그러므로 건전하고 지식에 가까운 책을 읽어야 한다고 나는 생각을 한다. 나의 아들은 어떡해 책을 많이 읽는지 "시애틀" 카운티 도서관의 금딱지와 은딱지 가 붙은 건전한 책은 모두 읽어서 새로운 책이 나오면 도서관에서 책이 왔다고 알려준다. 나의 아들은 식사할 때도 책을 읽으면 나는 책을 빼앗아 버리고 밥을 먹으라고 야단을 칠 때도 있었다. 책은 남녀노소 다같이 읽어야 세대 차이를 줄이고 상호 이해하며 원만한 가족의 유대 관계에서 소통할 수 있다고 생각을 한다.

조카는 책 읽기를 시작하면서 대학을 졸업하여 "피닉스"에서 큰 일식 식당을 경영하고 있으며, 나의 아들은 의사가 되어 각자의 삶에 열심을 다하고 있다. 나는 태권도 선교 체육관을 경영하며 "사랑 작은 도서관"을 운영하고 있다. 번잡한 현대를 살아가는 크리스천들은 책을 읽는 습관으로 마음의 풍요로움을 더해 가는 삶이 되기를 바라는 마음이다.

5
후원 운동

나는 태권도 도복에 대한 히스토리가 아주 많다. 처음 태권도 도복을 입을 때에는 그렇게 어색해 보이던 도복을 잠을 잘 때도 입었다. 도복을 입고 잠을 자면 세상에서 꿀잠을 자는 버릇이 있어 지금도 가끔은 도복을 입고 잠을 자는 때가 있다. 나는 내가 죽어서 장례를 치를 때에는 도복을 입혀서 화장을 한 다음 훅 하고 하늘로 날려 버리면 좋겠다고 말을 한다. 내가 죽어서 남길 것이 없어서이다.

아무리 생각을 해도 남길 것이 없는데 다 타버린 재를 옹기에 넣어 보관하면 무엇 하겠나 하는 생각을 한다. 살아있을 때도 만나기 어려운 사람들이 나의 한 줌의 재 가루를 보러 오면 무엇 하겠나 하는 생각하면서, 이 땅에 나의 것은 하나도 남김없이 없애는 것이 제일 좋은 방법이라 생각을 하며 늙어가고 있다. 속담에 호랑이는 가죽을 남기도 사람은 이름을 남긴다고 했으니 나의 이름만 면사무소 호적계에 남아 있다면 이로서 만족한다.

나는 영원히 대한민국 사람으로 남고 싶은 마음이다. 누구나 사람은 이 세상에 태어날 때 아무것도 없이 태어난다. 아무것도 없이 돌아가는 것이 마땅하다고 생각한다. 나의 아주 작고 조그마한 믿음이라도 나의 육신을 다하여 예수 그리스도를 전파하는 것이 최상의 삶이라 생각을 한다. 그러므로 나는 나의 있는 것이 뭐든 필요하다는 사람만 있으면 주는 삶이다. 모두 나열하기는 부끄러운 일이라 생각을 한다. 그러므로 나에게는 아무것도 가진 것이 없다.

후원은 생명수 물줄기와 같아 우물물을 파서 물을 길으면 길을수록 샘구멍이 커져서 많은 물이 넘쳐나듯이 선교후원은 아무리 해도 손해 볼 것이 없다고 생각을 한다. 내가 쌓아 두는 것보다 하늘에 쌓아 두는 것이 훨씬 안전하다고 성경에서는 말씀을 하고 있다. 샘솟듯 넘쳐나는 나의 풍요는 매일 순간순간 기쁨과 즐거움과 만족감 속에 행복한 삶을 살아간다.

내가 나의 육신을 보아도 건강한 삶이고 물질적으로도 걱정은 걱정에 불과하며 나는 행복한 삶을 살아간다고 부자한다.

나는 나를 위해 비싼 옷을 사 입지 않는다. 먼저 사람이 길들인 옷을 사 입는다. 사람이 살아가는 데에는 세 가지가 충족되어야 하는데 바로 의식주이다. 입어야 하고, 먹어야 하고, 잠잘 자리가 있어야 하는데 현재 나는 참으로 행복할 수밖에 없다고 생각을 한다.

선교사들에게는 후원운동이 일어나야 인류 복음화가 이어진다고 생각을 한다. 코로나 전염병으로 인하여 세계가 혼탁한 이 시대에 개인 혹은 교회 단체가 선교후원이 끊기면 하나님께서 분부하신 사마리아 땅 끝까지 예수 그리스도의 복음을 전파는 사명을 누구나 감당하기 어렵다 생각을 한다. 국가 사회가 어려워도 선교후원은 계속 되어야 한다는 인식이 우리 모든 크리스천 마음에 정착되기를 간절히 바란다.

6
저축운동

내가 중학교 시절에는 모든 학생들이 우체국 통장을 가지고 저축하는 운동을 했던 기억이 난다. 1960년대 대한민국 전 학생이 적금통장을 만들어 5원 이상 10원 혹은 50원씩 매월 저축한 돈은 국가 사회 발전에 도움이 되었다고 생각을 한다. 오늘날 우리가 살아가는 현대 사회는 융자를 얻어서라도 하고 싶은 것은 다 해보는 시대로 변한 것 같아 불안하다.

유대인이 뉴욕 "맨하튼"에서 세계경제를 좌지 우지 한다는 소문은 모두 알고 있으리라 생각을 한다. 뉴욕의 "맨하튼" 한쪽에서 살아야 했던 유대인들은 후손에게 100만장자의 꿈을 실현시켜 주고자 100만 불의 보험을 가입하여 다음 3세대에 모두가 100만장자의 탄생을 꿈꾸며 살았다고 한다. 뉴욕 "맨하튼"이 세계 경제를 쥐어 잡는 도시로 성장하였던 현재의 사실을 우리는 거울로 삼아 대한민국 국민 크리스천 모두가 10년을 내다보는 1천 만명이 1천 만원 저축 가입에 참여하여야 한다고 생각을 한다.

1천만 크리스천이 10년 후에 1천 만원씩 만기 저축예금을 받는다면 그 액수는 100조원이 되는데 교회에 십일조를 한다면 한국 교회에 10조의 재정이 모아져서 인류 복음화의 기틀이 확실히 세워지리라 믿는다. 우리나라 모든 국민이 꼭 필요한 것은 다시한번 전 국민이 저축운동을 하여야 한다고 생각을 한다.

우리나라 대한민국이 세계 인류를 리드하는 국민 국가가 되기 위해서는 경제가 부강하여야 하고 경제 활동을 유용하게 사용하여야 한다는 나의 소견이기도 하다. 분수를 알고 분수에 맞게 살아가는 국민 크리스천이 된다면 국가 사회는 물론 교회 성도들의 삶은 얼마나 윤택하고 행복한 삶을 살아갈 수 있을까 하는 것이다. 우리나라가 경제 주도 성장을 이룩할 수 있었던 것은 시골 구석까지 소통할 수 있었던 우체국과 농협이 있었고 교회가 있었다고 생각을 한다. 자전거에 가방을 달고 혹은 어깨에 우체국 가죽가방을 메고 다니며 저축을 권장하고 우편물을 배달하여 전 국민이 소통 할 수 있는 우체국이 지금도 우리 사회 전반에 함께 있음은 참으로 감사하고 든든한 일이라 생각을 하며 농협을 통하여 4-H구락부가 태동하고 시골 사람들을 가난에서 일으켜 세웠던 역사의 농협이 지금도 꿋꿋하게 서 있음은 우리 대한민국의 자산이며 우리의 모퉁이 돌이었다고 나는 생각을 한다.

7
청소 운동

우리나라는 경제개발 5개년 계획에 따라 국가 경제 발전이 다양하게 발전되었다고 생각을 한다. 그러나 민주주의의 기본원칙인 3권 분립에 기초가 되어 입법, 사법, 행정으로 나누어진다고 국민 학교 때 시험을 치르느라 외워가며 공부를 했는데, 요사이 대한민국 초등학교에서는 민주주의의 기초가 되는 3권 분립에 대하여 배우지 않는지 시험에 안 나오는 것인지 모르겠다는 생각이 든다.

우리 대한민국은 자유 민주주의와 자유 민주주의 시장 경제를 기본으로 헌법이 이루어진 국가라는 것을 국민학교 때 배운 기억이 난다. 요사이 방송을 보면 대한민국 헌법에 준하는 법령을 재검토하는 청소 작업이 여기부터 시작되어 도시의 골목과 시골의 논두렁이 연결되어야 할 것 같다는 생각을 한다. 입법화된 것들은 행정부에서 실행하고 잘못된 것은 사법부가 법적 처리해야 되는데 누가 입법부인지, 사법부인지, 행정부인지 구분하기가 어려운 시대에 나는 정신이 없다.

대한민국이 잘 살게 된 이유는 국민 모두가 행정 지시를 잘 따르고 준법정신을 잘 준행하는 데에서 대한민국이 급속도로 성장했다고 나는 생각을 한다. 시골이나 도시에나 새마을 가꾸기에 전 국민이 실시한 것이 청소부터였다. 내 앞마당은 내가 청소하기 운동을 하니 노인 분들은 새벽 같이 일어나 기쁜 마음으로 내집 앞을 깨끗이 청소를 한 것을 본 기억이 난다. 나의 살아가는 주변을 내 손으로 청소를 하면 절약 운동이 일어나고 건강한 정신으로 살아 갈 수 있다고 생각을 한다. 청소를 하면 새로운 정신이 일어나는 것을 청소를 해 본 사람들만이 느낄 수 있는 행복감이라 생각을 한다. 그래서 국민학교 다닐 때 숙제를 안 해 오거나 시험점수가 나쁘면 청소하고 나머지 공부를 했던 기억이 난다.

오늘날 우리나라 교회의 목사, 장로, 성도들이 청소하기 운동부터 일어서야 할 것 같다는 생각을 한다. 가정에서도 청소는 여자의 몫이 아니다. 젊은 사람의 몫이 아니다. 높은 사람도 청소를 하는 선봉자가 되어야 한다고 생각을 한다. 청소는 사람이면 누구나 청소를 하며 살아야 한다는 생각이다. 나의 소신은 깨끗한 것으로 쌓아야 하며 나의 가정은 나의 손으로 청소하고 내가 어지른 쓰레기는 내가 청소를 하여야 한다는 마음이 우리의 마음에 자리해야 한다는 생각을 한다.

나는 낚시를 좋아한다. 낚시를 하면 얻는 나의 삶이 많이 있다. 그래서인지 옛날 임금님들은 낚시를 많이 했다고 한다. 낚시방송을 가끔 보면 낚시하신 분들이 돌아갈 때 주변 쓰레기를 모두 줍고 청소하는 것을 보면 대한민국 국민은 이상한 방송을 시청하는 것보다는 낚시꾼들의 청소하는 낚시방송을 많이 시청하면 좋을 것 같다는 생각도 해 본다.

8
태권도 건강운동

나는 얼마 전에 충청북도 청주에서 실버 태권도 전국대회에 출전을 했다. 금강 태권도 관장의 명성있는 지도 덕분에 금강 태권도 실버 팀은 전국 대회에서 2등을 하고 가족대회에서는 우리 가족이 1등의 영예를 얻었다.

나는 태권도의 운동은 어머니 배 안에서부터 시작되었다고 생각을 하던 차에 "뉴욕"에 사는 나의 제자 산부인과 의사 '혜란'이가 강원도 횡성에 태권도 선교사 훈련원을 방문했다. 나는 산부인과 의사에게 사람이 어머니 뱃속에서 잉태하면 언제부터 발차기와 주먹 지르기를 하는지 물어보았더니 16주에서 20주 사이에 시작한다는 이야기를 들으며 이때부터 발차기와 주먹 지르기를 많이 하는 아이는 태어나서도 건강하게 자란다는 이야기를 들었다.

 나는 오래 전부터 태권도 운동은 하나님께서 사람을 지으실 때부터 사람이 번성하고 천하를 다스릴 수 있도록 발차기와 주먹 지르기를 태아부터 할 수 있도록 만드신 것이라고 고차원적인 주장을 펼쳐 왔다. 다만 그 이름을 태권도로 명칭한 것이 "셈"의 후예인 대한민국 사람이고 급기야 국기 태권도로 이름 하였다고 생각을 한다. 이 글을 읽는 분들은 가만히 꼼꼼히 생각하시고 연세가 있다 해도 남녀 노소 가리지 않고 태권도 수련을 왜 하면 좋은지를 생각해 보면 좋겠다.

 엄마 뱃속에서 발차기를 해도, 주먹 지르기를 해도 엄마들은 아프다고 안하고 이것 보라며 배를 불쑥 내밀고 배를 만져보며 좋아하는 이유는 아이가 건강하다는 것에 만족하는 어머니의 마음이라 생각을 한다. 어린아이가 태어나면 밤낮 가리지 않고 발차기와 주먹 지르기를 하며 웃기도 하고 울기도 하는 것을 본다. 그렇게 운동을 계속 하는 사람들은 오래 장수하는 사람이 많다. 아이를 많이 낳거나 일을 열심히 하는 사람이나 태권도를 오래 한 사람들은 대부분 오래 장수를 한다. 지금은 어린 아이들이나 태권도를 배우는 것으로 인식이 많이 되어 있어서 그런지 선수 생활을 하거나 사범 생활을 한 사람들이 점점 줄어 국기(國技) 태권도의 명성이 앞으로의 세대에 어떤 영향을 미칠지 걱정이 되는 부분이 있다. 태권도를 수련 하는 사람이 줄어드는 시대에 건강을 위하여 성인이나 노인 분들은 태권도 수련을 하면 좋겠다고 이야기를 하는 것이다.

나의 생각으로는 비싼 보약과 함께 태권도를 하는 것이 노인 건강에 더 더욱 좋을 것으로 생각을 한다. 태권도의 매력은 검은 띠를 허리에 매고 기합을 지르며 운동을 하고 해외 선교여행을 할 때 진미를 느낄 수 있다고 나는 생각을 한다. 유급자는 검은 띠가 되기 위한 기초 기본훈련이고, 검은 띠를 허리에 매면 1단부터 9단까지 똑같은 검은 띠로 운동을 할 수 있는 정신 건강과 육체 건강 그리고 가정의 화합과 소통을 위한 최고의 운동이며, 세계 선교여행에 동참할 수 있는 행복한 노후 생활의 준비라 생각을 한다. 태권도 유단자는 늙지 않는다.

할렐루야!

9
실천 운동

"사람이 마음으로 자기의 길을 계획 할지라도 그의 걸음을 인도하시는 이는 여호와시라. (잠언 169)" 성경 말씀에 계획은 사람이 할지라도 그 일을 이루시는 분은 하나님이시라고 말씀을 하고 있다. 나는 이 말씀을 너무 좋아하고 나의 생활에 꼭 맞는 말씀이라고 생각을 하기 때문이다. 나는 일을 만드는 기술자이며 꿈을 먹고 사는 사람이라고 말을 하는 사람도 있다. 어떤 사람은 박 목사는 사막에 데려다 놓아도 빌딩을 짓고 건물의 세를 받을 사람이라고 말하는 사람도 있다. 어찌하든 여러 사람들의 말을 종합해 보면 나를 선교사로서의 확실한 사람이라는 것을 의미한다고 생각을 한다.

그리고 나는 아주 작은 것이라도 희망이 보이면 포기하지 않는다. 하나님께서 나를 보시면 얼마나 후회하시고 실망하시고 포기하실 것이 많은데 그럼에도 나에게 포기를 멈추신 것을 생각할 때마다 내가 사람들을 포기하거나 하나님의 일을 포기하면 하나님께서 싫어하실 것이라 생각을 하여 그 일을 내가 못 할지라도 남들이 하는 일에 힘 빼는 말은 하지 않는다. 사람이 계획을 세우고 그 일에 몰두하고 있는데 옆에서 실망적인 말을 하거나 방해하는 사람들이 간혹 있다. 또한 옆에서 참견 하고 싶어서 못 견디는 사람도 있다. 그러한 사람들 때문에 내가 계획한 일들을 할 수가 없을 때가 있다. 계획 한 일을 성사시키기 위해 얼마나 많은 생각과 기도를 하며 시작한 일인데 단번에 참견하며 안 된다고 말을 안 하는 것이 좋다고 생각을 한다. 계획한 일이 실천으로 옮겨지며 잘 할 수 있도록 도와주는 협력하는 자세가 제일 좋은 것 같다는 생각을 한다. 국민 학교시절 학교 에서 진실하고 실천하는 학생이 되라는 가르침을 받았다.

야고보서 2장에 "네가 보거니와 믿음이 그의 행함과 함께 일하고 행함으로 믿음이 온전하게 되었느니라. (22절)" 그리고 "영혼 없는 몸이 죽은 것 같이 행함이 없는 믿음은 죽은 것이니라. (26)"라고 행위 있는 믿음에 대하여 말씀을 하고 있다.

우리가 말씀을 따라 실천하는 삶을 살아갈 때 신뢰받고 존경 받는 사람이 될 수 있다고 생각을 한다. 실천하는 삶을 나부터 시작하는 생활, 아무리 작은 것이라 해도 아주 적은 것이라도 우리는 남을 존중하는 마음의 자세로 살아가는 것이 좋다. 가정이 실천하는 본이 되고 국가와 사회가 서로 신뢰하고 실천한다면 이 땅의 살아가는 사람들은 행복한 생활을 하며 살아가리라 믿는다. 목사님께서 설교를 하시면 성도들은 말씀을 잘 듣고 실천하는 생활이 이 땅에 국민의 기본이 된다면 우리나라는 복음의 민족이요, 기독교 국가로 하나님께서 세우시는 나라와 민족이 된다고 나는 생각을 한다. 세계인류 복음화를 리드하는 대한민국 교회 성도, 인류 복음화를 주도하는 대한민국 교회 성도로 세우시기를 소원한다.

10
가난은 축복이다.

    나는 태권도 인디언 선교사가 되어 딸과 아들에게 가난이라는 참혹한 생활을 어린 자녀들에게 겪게 한 것이 살아가면 갈수록 미안하기도 하고 부끄럽기도 한 것이 이만 저만이 아니다. 이 책을 읽고 아주 조금이라도 아이들 마음이 풀어졌으면 좋겠다.

    어느 날 어린 자식들은 나에게 아빠, 우리는 한 학기라도 한집에 살아 봤으면 좋겠다는 이야기를 하고, 공부도 하여야 하고 친구도 사귀어야 하니까 그만 이사다니고 한 집에 오래 살앗으면 좋겠다는 이야기 였다. 나는 아이들의 이야기를 들으며 지금까지 어디서 사느냐고 물으면 미국에서는 "워싱턴" 주 "시애틀"에 살고 있다고 말하며 대학을 들어간 후에는 "페더럴 웨이(Federal Way)"에서 살고 있다고 말을 한다.

이렇게 어렵게 선교사의 생활을 하는 나의 어린아이들에게 가난이 축복이라고 말을 하면 그런 말이 어디 있냐고 웃으며 이해 해주었던 자식들이 마음에 사무치게 고마워서, 나는 마음으로 울었던 기억이 난다. 학교에 차비도 못 주고 "런치머니"도 주지 못해 점심시간에 학생들에게 점심을 나누어 주는 봉사를 마친 후에 점심을 먹고 학교를 다니면서도 신앙으로 극복할 수 있었던 아이들에게는 미안하고 하나님께는 감사를 드린다. 말로 표현할 수 없는 부모 자식 간의 사이에 나는 일손을 멈추고 자녀들을 위해 기도를 드렸다.

나는 주위 사람들에게 노회나 친구 나 누구에게도 화장을 해서 하늘로 날려 버리고 통장에 남은 돈으로 내가 아는 사람들을 초청하여 내가 마지막 여러분들에게 식사를 대접하고 남는 돈은 마지막 식사 대접을 감사함으로 하고 참석자 모두에게 나누어 드리면 된다고 말을 한다. 자식도 부르지 말라는 것이 나의 유언이다. 미국에서 살기 바쁜데 내가 죽고 난 다음 여기 오면 무엇 하겠나, 혹시 전화가 와서 아빠를 찾으면 천국 가셨는데요. 하고 알려 주라는 부탁이다. 지금의 나의 생각은 "행복한 가난은 부끄러운 것이 아니라 축복이다"라는 이야기를 하고 싶다. 가난은 축복입니다. 할렐루야!

11
크리스천 말씀 운동

 시편 1편 말씀은 "복 있는 사람은 악인의 꾀를 좇지 아니하며 죄인의 길에 서지 아니하며 오만한 자의 자리에 앉지 아니하고 오직 여호와의 율법을 즐거워하여 그 율법을 주야로 묵상하는 자로다. (시편 1편 1~2절)"라고 말씀을 하고 있다.

 나는 예수 그리스도를 믿어 구원받은 하나님의 자녀가 되었다면 매일 성경말씀을 묵상하는 삶을 살아야 하고 기도를 드리는 삶을 살아야 한다고 생각을 한다.

 나는 매일 말씀을 묵상하며 성경을 읽고, 기도제목이 있는 노트를 펴면 차례대로 이름을 부르며 기도를 드린다. 그러면 나는 나의 마음에 위로를 받고 기뻐함이 있다. 나의 기도노트에 이름이 올라 있는 사람들은 복을 받은 사람들이라고 생각을 한다. 이 세상에 매일 하루도 거르지 않고 기도해 주는 사람이 나 말고 있겠느냐는 이야기를 하며 함께 각자 매일 말씀을 묵상하고 기도하는 사람들이 더 해 가기를 바라는 마음에서 이야기를 할 때가 있다.

이 책을 읽는 사람들은 시작해 보기를 바라는 마음이다. 다시 이야기를 하면 매일 성경을 1장 이상 읽고 말씀을 묵상하여 본다. 그러면 말씀에 은혜가 되면 내게 은혜를 주신 하나님께 감사의 기도를 드리며 기도 노트를 펴서 매일 기도를 하면 어떤 아름다운 일들이 일어나는지 체험을 할 수 있다. 나에게 화를 나게 하는 사람들을 위해서 기도해 보면 나의 마음에 평안이 오는 것을 체험할 수 있다. 내가 잘못을 했어도 내가 가서 먼저 용서를 구할 수 있는 용기와 배짱이 나의 마음을 움직이는 것을 체험할 수 있다. 나는 매일 새벽기도회를 주장하시는 목사님들의 말씀에 복이 있다는 것을 실천하며 복이 있는 사람의 삶을 사는 것에 참 감사를 드린다.

나는 20년 동안 아메리칸 인디언 원주민들에게 태권도를 매개로 예수 그리스도의 복음을 증거하며 말씀을 전파하는 선교사로 사명을 감당하던 차에 나의 조국 대한민국이 하나님께서 주시는 축복의 나라로 세우시는 은혜는 한국교회 목사님들과 성도들이 말씀의 묵상과 기도하시는 분들께 주시는 하나님의 축복이라 믿는다.

내가 청년시절 인천 광명교회 이관진 목사께서 잠자리 들기 전 우렁찬 간절한 기도소리가 평생을 목회와 선교 사역을 감당하는 힘이 되었다.

간절히 기도하시는 목사님들의 기도가 대한민국 온 교회 성도들에게 축복이 되기를 간절히 소원한다.

12
찬양 운동

나는 마음과 영으로 정성을 다해 찬양을 드리는 삶이 진정한 크리스천의 삶이라고 생각을 한다. 또, 찬양은 지금부터 영원까지 나에게 불려져야 하는 것이라 생각을 한다. 그런데 나는 솔직히 찬송가 곡이나 복음성가의 가사를 처음부터 끝까지 전부 부를 수 있는 곡이 별로 없어 안타깝다.

내가 5살 이후부터 시골 교회에서 즐겨 부르던 "예수 사랑하심은 거룩하신 말일세. 우리들은 약하나 예수권세 많도다. 날 사랑하심, 날 사랑하심, 날 사랑하심, 성경에 써있네." 이런 찬송이 있다. 아마 이 찬송을 모르는 사람은 거의 없을 것이다. 이 찬양을 시골 논뚝길, 밭길, 행길을 거닐며 불렀는데 이 찬송 이외, 자신 있게 은혜로 부르고 다닐 찬송이 별로 없는 것이 안타깝다. 알았던 찬송도 점점 잊어버리는 이유를 생각해 보는데 영상으로 따라 부르는 이유도 있는 것 같은 느낌이 든다. 성도가 많아서 영상을 크게 만들어 부른다면 모두의 은혜를 위해 좋을 듯 싶지만, 그냥 따라 부르는 가사에서 기억을 잘 못하게 되는가 싶다.

나이가 들어 눈이 침침하면 침상에서 마지막 이 땅에서의 삶을 기다릴 때 하나님께 영원히 드려야 할 찬송이 없으면 어떡하나 하는 걱정이 들 때가 있다. 그러나 영상에 익숙하다 보니 영상이 없으면 예배드리는 마음이 영상으로 예배드릴 때와 다르다고 생각을 한다.

나는 "좋으신 하나님, 좋으신 하나님, 참 좋으신 나의 하나님" 찬양과 "예수님 찬양, 예수님 찬양, 예수님 찬양 합시다. 예수님 찬양, 예수님 찬양, 예수님 찬양 합시다, 할렐루야, 할렐루야, 예수님 찬양합시다. 할렐루야, 할렐루야, 예수님 찬양합시다." 찬양을 많이 부르는데, 짧고 너무 외우기가 쉬워 선교지에서 이 두 곡은 항상 부른다. 어떤 나라를 가서도 이 찬양을 부르는데 한국말로 부르더라도 모두가 금방 따라하며 좋아하는 모습을 많이 본다. 이 찬양은 대한민국 부흥의 시대를 이끌었던 찬양이라 해도 부인하실 분이 없으리라 생각을 한다. 나 또한 이 찬양을 선교지에서 많이 부른다.

미국에서도 멕시코에서도 몽골에서도 캄보디아 등등 어느 나라에서도 이 찬양은 처음 교회 나오는 사람들에게 매우 쉽고 이해하고 받아들이기 쉬운 은혜의 찬양이라 생각을 한다. 찬양을 부르며 태권도 율동을 가르쳐 주면 동네 마을이 예수님 찬양의 마을로 변하는 모습도 있다. 예수님 찬양을 부르며 태권도 발차기로 길을 걸어가면 박자에 맞추어 길가 돌들을 발로 차면 마을의 길가에 흩어져 있던 돌들을 모두 발로 차 버린다. 이렇게 마을은 예수님 찬양의 마을로 변하여 동네 어린이 부모들은 태권도 선교에서 무슨 일이 벌어지는지 구경거리가 되어 모여든 때도 있다.

그러나 어른들에게는 인사하기와 청소하기, 마을 가꾸기, 고운말 쓰기, 대한민국을 선진 국가로 발전시켰던 새마을 운동을 전개하며 마을의 변화를 일으킨다. 예수님 찬양의 메아리가 나의 심령에서 가족에게, 이 교회에서 저 교회로, 이 마을에서 저 마을로, 우리 국가에서 세계 여러 나라 민족들에게 메아리치는 찬양이 온 누리에 퍼져 나가기를 바란다.

13
나는 가슴으로 울었다

나는 태권도 선교를 고등 학창 시절 경기도 수원 연무동 통소바위 산 아래에서 시작하였다. 그곳은 6.25전쟁 이후 어렵게 살아가는 난민과 빈민 마을이었다. 산 아래 옹기 종기 살아가는 사람들은 거의 매일 싸움이 났다. 마을 근처에는 인분 차들이 큰 구덩이를 파서 인분을 저장했고, 그 위에 호박을 심는데 온 동내는 인분 냄새가 이루 말 할 수 없다.

이 마을에 한명수 목사님께서는 조그마한 벽돌 건물에 창훈대 교회를 개척하여 사역하셨다. 교회 위 마을에는 대한민국 자유민주주의를 위하여 목숨을 국가에 맡기고 6.25전쟁 중에 부상을 당 한 분들이 살아가는 재활원 주택이 있고 아래에는 난민 빈민이 살아가는 마을이다.

한명수 목사님께서 인분 구덩이가 여기저기 산재해 있는 밭에 교회를 창립하시고 얼마나 어려움이 많이 있으셨을까 생각을 많이 한다. 켈로 부대 출신으로 키는 크신 분이 하얀 고무신을 신고 다니며 항상 웃는 모습은 지금도 눈에 선하다.

나는 고등학교 시절 난민과 빈민으로 이루어 살아가는 통소바위 마을에 어린이들을 대상으로 태권도를 가르치며 교회에 다니라고 전도를 하였다. 그리고 열심히 태권도를 수련하여 해외에 이민을 가라고 말을 하였다. 어차피 한글도 모르고 돈이 없어 학교에 다니지 못하고 가족이 없어 어린 나이에 밤새 시내버스 청소하고 정비하는 심부름 하고 하루 하루를 살아 갈 바에는 한 손에 성경을 들고 한 손에는 도복을 들고 세계로 가라고 가르쳤다. 한글을 몰라 나에게 편지를 읽어 달라하고 먹을 것이 없어 라면에 찬 밥 혹은 국수를 섞어 먹는 하루 한끼의 식사를 하는 그들을 보면서 나는 가슴으로 울어야 했고, 부모 형제 없이 할머니와 살았던 종원이는 입을 옷이 없고 집에는 나무 상자로 만든 집에 가마니를 뜯어 깔고 사는 이 친구가 너무 불쌍해 보였다.

이후 나는 할렐루야 태권도 선교단을 창립하며 태권도 선교를 통한 국위 선양과 복음전파는 대한민국 발전에 시대적으로 매우 유익할 것이라 생각을 하였다. 이렇게 태권도 선교를 시작한 나는 미국에 체육 행정학 박사 수학 차 도미하였으나 아메리칸 인디언 선교사가 되어 영화에서 보던 인디언들에게 예수 그리스도의 복음을 전파하는 선교사가 되었다. 미국의 사막과 산골짜기를 다니며 태권도의 기합 소리와 함께 인디언과 한국 사람들은 혈통이 같은 민족적 동질성을 강조하며 20여 년의 아메리칸 인디언 태권도 사역을 하였다. 인디언 태권도 사역을 통하여 얻은 은혜는 하나님께서 나에게 특별한 은사를 허락하셔서 척박한 인디언 마을에 예수 그리스도의 복음을 전파할 수 있었다는 나의 고백이다.

미국 캘리포니아 로빈슨 렌체리아 인디언 보호 구역에 살고 있는 6살의 루비는 아버지가 알코올 중독으로 숨을 거두자 어머니가 다른 남자를 만나 살면서 1년도 채 안되어 어머니마저 죽었다. 이 어린아이는 내가 가는 날을 기억하고 태권도를 가르치는 체육관 앞에서 늘 나를 기다리는 아이였다. 알코올 중독자인 둘째 아버지를 의지할 수 없어 이 아이는 갈 데가 없는 아이였다. 우리가 입양하여 키우려는 생각을 하고 있을 때 이 아이는 아무도 모르게 어디론가 떠나버렸다. 나는 지금까지 이 아이를 가슴에 품고 기도를 하고 있다. 내가 인디언 마을 태권도 선교를 마치고 떠나는 나에게 출발하는 차를 붙들고 따라오며 언제 오는지를 묻고 또 묻는 아이들을 뒤로하고 인디언 마을을 떠나는 나의 마음은 항상 그들과 함께 있음을 기도드린다.

나는 장시간을 운전하며 태권도 선교를 하는 나에게 마을 폭력배들에게 매를 맞아 이가 부러지고 걸레 마대 자루로 배를 찔러 죽어가는 순간을 당할 때에 예수님 십자가에서 죄도 없이 값도 없이 가시 면류관을 쓰시고 피 흘려 죽기까지 우리의 죄를 도말해 주신 하나님의 사랑을 생각하며 창에 찔리신 예수님은 얼마나 아프셨을까 하는 생각을 하며 나의 아픔의 고통을 참을 수 있었다. 나는 아픈 고통 속에서 치료를 받으며 다시 인디언 마을을 가야 할 엄두가 나지 않았다.

그렇게 몇 주를 지내며 태권도 선교에 참여하는 어린아이부터 청년과 어른에 이르기까지 어금니를 깨물며 믿음으로 살겠다고 다짐하는 그들이 어른거리기 시작하며 다시 찾는 인디언 마을 태권도 선교는 도살장에 가는 기분이었다. 그러나 하나님께서 나에게 힘주시고 용기를 주시고 은혜를 더하여 주셔서 담대하게 마을에 들어가 나에게 폭력을 행사하였던 청년들을 찾아가 서로 화해하는 가운데 청년들은 나에게 신학교에 가서 박 목사님 같은 선교사가 되겠다는 고백을 듣고 나는 가슴으로 울어야 했다.

이 마을 스탠 추장이 죽음 앞에서 마지막 남긴 부탁의 말을 기억한다. 나의 배를 찌른 아들 킴을 잘 보살펴 달라는 유언이었다. 스탠의 아들 킴이 신학교에 다녀서 박 목사님과 같은 태권도 인디언 선교사가 되고 싶다던 그는 2013년 크리스마스 이브 자동차 사고로 이 세상을 떠난 뒤에는 인디언의 눈물만 고여 있을 뿐이다.

선교후원 안내

할렐루야!
태권도 선교사 박종현 목사 입니다.
  현 인류가 전쟁과 재난으로 굶주림 속에 하루 앞을 예측하기 어려운 시대를 살고 있습니다. 이 시대에 태권도 선교의 바람을 일으키고저 합니다.
  남녀노소 누구든지 태권도 선교에 동참하실 수 있습니다.

'눈물을 흘리며 씨를 뿌리는 자는 기쁨으로 거두리로다' (시126:5)

후원 안내

- 태권도 선교는 유단자 이상이어야 선교 시범에 참여하실 수 있습니다.
- 태권도 유단자가 되시기 위하여 전국 어디든지 가까운 태권도 체육관에 등록하셔서 유단자 수련을 받으시기 바랍니다.
- 1인1구좌 1만원으로 회원이 되어 선교 여행에 참여하실 수 있습니다.
- 해외 선교사님들은 태권도 선교 수련에 참여하시기를 권장해 드립니다.

§ 후원계좌 §

- 국민은행 910-2954-7600 태권도 인디언 선교회
- 농협은행 356-5406-5406-33 태권도 선교회 박종현
- 연락처 : 033)744-7760 / 010-9911-7760
- 이메일 : wsmnews@naver.com

태권도 선교
바람아 불어라!

인쇄일 2024년 2월 20일
발행일 2024년 2월 20일

지은이 박종현 선교사
발행인 박종현
펴낸곳 도서출판 성실
주소 강원도 원주시 남산로 141 상가동 401호
전화 010-2070-0141
출판등록 제2023-000015호
ISBN 979-11-986529-0-4
정가 22,000원

♠ 잘못된 책은 바꾸어 드리겠습니다.
♠ 이 책의 내용은 신저작권법에 의하여 국제적으로 보호받고 있습니다.
♠ 전재 및 복제를 할 수 없습니다.